AF603512

LA

PISCICULTURE

ET LA

PRODUCTION DES SANGSUES

TYPOGRAPHIE DE CH. LAHURE
Imprimeur du Sénat et de la Cour de Cassation
rue de Vaugirard, 9.

LA
PISCICULTURE
ET LA
PRODUCTION DES SANGSUES

PAR AUGUSTE JOURDIER
Auteur du *Matériel agricole*
Rédacteur en chef du *Moniteur des Comices*, etc.

AVEC UNE INTRODUCTION
PAR M. COSTE DE L'INSTITUT

et 30 gravures dans le texte

PARIS
LIBRAIRIE DE L. HACHETTE ET Cie
RUE PIERRE-SARRAZIN, N° 14

1856

LETTRE A L'AUTEUR.

La *Pisciculture*, malgré les obstacles qui ont embarrassé ses premiers pas, s'est élevée en quelques années, grâce à l'initiative de la France, au rang d'une question d'économie publique. Les esprits les plus sérieux s'en préoccupent dans toutes les parties du monde civilisé, et, comme vous avez pu vous en convaincre par les documents que je conserve, il se fait partout à la fois des applications qui ne peuvent tarder à porter leurs fruits.

Vous ne pouviez donc, cher Monsieur, choisir un moment plus opportun pour résumer les travaux entrepris dans une voie qui touche au grand problème des subsistances, et le public vous saura gré de l'avoir initié aux pratiques d'une industrie qui doit contribuer à résoudre ce redoutable problème.

Pour ma part, j'ai lu avec un véritable intérêt l'ouvrage dont vous avez bien voulu me communiquer les épreuves. Ce travail, le plus complet de ceux qui ont été publiés jusqu'à ce jour, puisqu'il comprend aussi l'industrie marine et l'élève des sangsues, aura une double utilité : il dissipera les erreurs que l'esprit de dénigrement, ce parasite de tout ce qui a quelque avenir en ce monde, s'est plu à répandre; il contribuera à faire prévaloir, par le témoignage de votre propre expérience, des procédés que la clarté de vos descriptions et que la remarquable exécution des dessins qui représentent les appareils, mettent, pour ainsi dire, en œuvre sous les yeux du lecteur.

Je me félicite donc, cher Monsieur, d'avoir mis à votre disposition les archives de mon laboratoire et de rencontrer cette occasion de recommander votre livre.

COSTE,
Membre de l'Institut.

Château d'Osmond, le 1er novembre 1855.

PRÉFACE.

Au moment où l'attention de l'Europe entière est fixée sur tous nos produits, nous avons jugé utile de publier ce petit livre, qui est le résumé de ce que nos études pratiques, nos excursions à Huningue, sur le Rhin, dans les Vosges et ailleurs, ont pu nous apprendre.

En visitant l'annexe de notre grande *Exposition Universelle*, entre les colonnes 54 et 55 D, à gauche en descendant l'escalier de communication du Panorama, nous avons déjà vu bien des amateurs s'arrêter devant les appareils à éclosion du Collége de France, devant le petit marais à sangsues de M. Borne[1], et demander où il leur serait possible de se procurer des renseignements écrits sur l'état actuel de la *pisciculture* et de l'*hirudiculture*. Les matériaux de cet ouvrage étant tous rassemblés, nous nous sommes déterminé à les livrer immédiatement à la publicité.

Aidé d'un jeune collaborateur aussi instruit que mo-

1. Transporté depuis dans la galerie de jonction, côté ouest.

deste, M. Paul Nicole, de Fécamp, nous nous sommes mis à l'œuvre. Il n'est pas possible d'être mieux compris ni mieux secondé que nous ne l'avons été par lui.

Nous avons également un tribut de remerciements à payer à MM. du Collége de France. Chaque fois qu'il nous a fallu compléter ou vérifier des notes prises à la hâte sur un bateau, sur le bord d'un étang, en compagnie de pêcheurs, et notamment de Glaser de Bâle, en tout et pour tout, le laboratoire de pisciculture, les piscines du Collége ou les cartons du cabinet nous ont été ouverts.

M. Coste ne nous a rien refusé; jamais nous n'avons rencontré nulle part un pareil désintéressement. De son côté, son studieux préparateur, M. Gerbe, aurait voulu nous donner plus que nous ne lui demandions; et, s'il nous avait été possible de tenir compte de tout ce que l'un et l'autre nous ont dit ou communiqué, il nous aurait fallu un cadre triple de celui-ci.

L'aide de ces messieurs, l'attentif Samuel, a bien apporté sa large part aussi à la construction de notre édifice : il n'est pas de complaisance qu'il n'ait eue pour nous, pour M. Nicole et pour notre habile dessinateur, M. Guignet, qui a pris d'après nature la plupart des dessins que nous donnons ici.

Si nous ajoutons à ces mentions, indispensables pour être juste et reconnaissant envers chacun, celle du concours que M. Detzem et notre excellent ami Chabot nous ont prêté pendant notre séjour à Huningue, il ne restera peut-être pas grand'chose pour nous. Mais cela nous importe beaucoup moins que la satisfaction qu'un auteur peut éprouver quand il a rendu hommage à qui de droit.

Nous avons fait de notre mieux pour répondre aux encouragements et à la collaboration qui nous ont été donnés. C'est là tout notre mérite, si mérite il y a.

Pour nous être principalement appuyé sur Huningue et sur le Collége de France, où nous croyons que les meilleures méthodes sont le mieux appliquées, les études le mieux faites, les expériences et les procédés pratiqués incontestablement le plus en grand, nous n'avons cependant pas négligé de visiter d'autres établissements.

Nous avons été chez M. Caron, à Beauvais, d'où nous avons rapporté une bonne impression et d'excellentes notes. Auparavant, nous avions visité Enghien, alors que MM. le vicomte de Curzay, Chabot et Millet y montaient un établissement de pisciculture. Depuis, ce dernier nous a encore fourni avec une extrême obligeance de nombreux renseignements. Enfin, ici, à Versailles, nous avons toujours eu des appareils à éclosion en activité; nous les avons surveillés et soignés nous-même, afin de nous bien pénétrer des difficultés de la pratique et de pouvoir juger des écrits que nous avons dû consulter pour être aussi complet que possible.

Ces écrits sont assez nombreux, et, comme le lecteur y pourra trouver encore plus d'un renseignement utile, nous allons en donner la liste aussi exacte que possible :

Travaux et Rapports de la Commission de Pisciculture, instituée par le ministre de l'Agriculture et du Commerce en septembre 1850, par MM. Milne Edwards et Coste, de l'Institut. Paris, Imprimerie impériale.

Instructions pratiques sur la Pisciculture, suivies de mémoires et de rapports sur le même sujet, par M. Coste, membre de l'Institut, professeur au Collége de France. Paris, Victor Masson, 1853[1].

Voyage d'exploration sur le littoral de la France et de l'Italie ; rapport à M. le ministre de l'Agriculture, du Commerce et des Travaux publics, sur les industries de Comacchio, du lac Fusaro, de Marennes et de l'anse de l'Aisguillon, par M. Coste, membre de l'Institut, professeur au Collége de France. Ce grand ouvrage in-folio a été publié à l'Imprimerie impériale, 1855.

Réflexions sur la pisciculture, par M. Chabot, ancien élève du Grand-Jouan, et directeur de la pisciculture d'Enghien, actuellement régisseur à Huningue. Versailles, Beau jeune, 1854.

Éléments de pisciculture ou *Résumé des expériences faites au château de Maintenon*, par M. Isidore Lamy, médecin à Maintenon. Paris, A. Gouin, 1855.

Essai sur la multiplication des poissons par les méthodes naturelle et artificielle de son application sur les côtes et dans les rivières du département de la Manche, par M. G. Sivard de Beaulieu. (Annuaire de l'Association normande, 1851.)

Fécondation artificielle du poisson, par MM. Detzem et Berthot, ingénieurs des ponts et chaussées Mulhouse, Risler, 1851.

Guide du pisciculteur, d'après les notes et les documents fournis par J. Remy, pêcheur de la Bresse, recueillis, rédigés

1. La deuxième édition de cet ouvrage est actuellement sous presse, et paraîtra bientôt à la même librairie.

et publiés par le docteur Haxo, d'Épinal, secrétaire perpétuel de la Société d'émulation des Vosges. Paris, A. Gouin, 1854.

Rapport de la Commission instituée par le directeur général des eaux et forêts, en date du 28 janvier 1852. Autographie de 7 pages; chez Legris.

Pisciculture d'Enghien-les-Bains, 1853. Autographie, chez Goyer.

Rapport à la Société d'agriculture de Meaux sur l'exposition de pisciculture faite au comice de Chelles, en 1853, par M. Auguste Jourdier. Annales de la Société, p. 53. Meaux, Dubois, 1854.

Annales forestières. Juillet 1853, p. 272, et août, p. 429.

Bulletin de la Société impériale zoologique d'acclimatation. T. I, p. 11, 15, 127, 146, 245, 331, 474; t. II, p. 67, 193. A la librairie Victor Masson.

Gazette de Leipzig, 2, 9, 23 juillet et 10 juin 1854.

Illustration de Leipzig, 10 juin 1854.

Repeuplement des eaux de la France, par M. Millet. Conférence Molé du 14 mars 1854. Paris, Léautey.

Pisciculture pratique, par Quenard. Paris, Bouchard-Huzard.

Observations sur les premiers essais de pisciculture tentés dans le département de la Lozère, par M. Valantin. (Bulletin de la Société d'agriculture, etc., de la Lozère, mai 1855.)

Pêcheries Françaises, sous le rapport alimentaire, etc., par Alfred Péron, de la *Revue de Rouen.*

Recherches sur quelques animaux aquatiques du bassin du Rhône, par Fournet, professeur à la Faculté des sciences de Lyon. Cet ouvrage contient quelques observations critiques sur la Pisciculture, 1853.

Pisciculture du docteur Fraas (texte allemand), Munich, 1854.

Fécondation artificielle des poissons, procédé de Gehin et Remy. Rapport de M. Aymar Bression, 1851.

Rapports adressés au ministre par M. Le Clerq, sous-ingénieur. Bruxelles, 1854.

Perthshire Courrier, mai, 17, 24 et 31 1855, comptes rendus curieux des expériences de *fécondation* et d'*alevinage* artificiels faites en Angleterre sur les saumons.

Traité des pêches, par Duhamel. On trouve dans ce traité l'exposé des expériences de fécondation artificielle tentées au XVIIIe siècle par Jacobi.

Expériences faites à l'établissement départemental de l'Oise, par M. Charles Caron. (Extrait des Mémoires de la *Société académique* de l'Oise. A Beauvais, chez Desjardin, rue Saint-Jean. 1845.)

De la Multiplication des poissons à l'infini (texte allemand), par Arnold Gunderlich. Weimar, 1854.

Maintenant que nous avons indiqué à quelles sources nous avons puisé, quel généreux concours et quelle précieuse aide nous avons trouvés de tous côtés pour mener à bien ce petit volume, il ne nous reste plus qu'à entrer en matière en lui souhaitant le même accueil que celui qui a été fait à notre *Matériel agricole*.

AUGUSTE JOURDIER.

LA

PISCICULTURE

LA PISCICULTURE.

CHAPITRE PREMIER.

OBJET ET IMPORTANCE DE LA PISCICULTURE.

Dépeuplement de nos cours d'eau.

Depuis longtemps déjà les esprits pratiques et prévoyants, les personnes versées dans l'étude des questions d'économie sociale et politique, se préoccupent de l'appauvrissement de nos cours d'eau, d'où le poisson semble devoir disparaître dans un avenir plus ou moins éloigné. Ils ont recherché avec une louable persévérance les moyens de remédier à un dépeuplement dont les conséquences, au point de vue de l'alimentation et du bien-être des masses, pourraient devenir si funestes. La question est bien posée, et, hâtons-nous de le dire, on possède aujourd'hui les éléments nécessaires pour la résoudre. Tout le monde, d'ailleurs, reconnaît qu'il y a urgence à améliorer le régime des eaux, dans l'intérêt du consommateur comme dans celui du Trésor. Nos eaux, qui pourraient être si riches, sont actuellement désertes ; les plus belles rivières de France ne produisent que le dixième et souvent le vingtième de ce qu'elles pourraient produire, si la réussite du frai y était assurée chaque année et si la propagation des bonnes espèces y était favorisée.

Citons des faits à l'appui de ce que nous venons de dire.

Nous avons en France 3700 kilomètres de canaux, 8250 kil. de fleuves et de rivières navigables, 185 300 kil. de cours d'eau non navigables, et au moins 220 000 hectares de terrains couverts par les étangs. Eh bien, tout cela ne rapporte aujourd'hui à l'État qu'un produit insignifiant. Le Rhône, par exemple, donne 7 francs par kilomètre; l'Aisne, 24 fr.; le Cher, 9 fr.; la Durance, 2 fr; le Lot, 16 fr.; la Dordogne, 10 fr.; l'Isère, 5 fr.; la Drôme, 4 fr.; la Loire, 8 fr.; etc. Aussi, que résulte-t-il de cette pauvreté de nos eaux? Que le poisson d'eau douce vaut 1 fr. 50 et 2 fr. le kilogramme, pour les bonnes espèces; de 70 à 80 centimes pour les espèces inférieures; 4 et 5 francs pour la truite et le saumon. Il en résulte aussi que le poisson d'eau douce, au lieu d'être un aliment à bon marché et à la portée des classes malheureuses, est une denrée rare et chère.

Le poisson de mer est à peu près dans le même cas: les populations de nos rivages se plaignent de la disparition du poisson, du dépeuplement de la mer. Jadis cependant d'innombrables légions de toutes les espèces répandaient l'abondance et la prospérité au sein des populations riveraines, et même dans l'intérieur du pays; aujourd'hui, quelques rares et maigres captures peuvent à peine suffire aux exigences de Paris. Où sont ces magnifiques poissons, autrefois si communs? Ils ont disparu, et, si quelques-uns se présentent encore, ils entrent dans la consommation à des prix exorbitants. Au lieu de *bars* (*perca labrax* ou *lupus;* c'est le fameux *lupus* des Romains) d'un mètre de longueur, vous ne voyez que de chétifs individus. Il en est de même des *plies*, des *turbots*, des *maquereaux*, des *barbues*, des *surmulets*, etc. Que diraient nos pêcheurs, s'ils apprenaient qu'en 1750 un seul coup de filet en Angleterre amena 3500 saumons, dont plusieurs avaient 2 mètres de longueur? Voyons, en regard de notre pauvreté actuelle, et pour donner une idée des richesses que l'application de la science piscicole peut développer, voyons quels produits on tirerait de nos eaux en assurant la conservation du frai, sa fécondation, et l'éclosion des poissons. D'après les inductions de MM. Detzem et Berthot, d'après les chiffres réduits qu'ils donnent, on arriverait à produire en quatre années, si l'on admet que le prix du poisson reste ce qu'il est aujourd'hui, une valeur de plus de 900 millions de francs. Que serait-ce donc, si l'on parvenait à repeupler les rivages appauvris de la mer?

Qualités nutritives du poisson. — La colonie de Comacchio.

La multiplication du poisson, tout en amenant le bon marché de cet aliment, entraînerait la baisse des autres denrées alimentaires. On ne saurait craindre de le faire entrer pour une large part dans l'alimentation publique. « Sa chair est une substance alimentaire aussi bienfaisante que la viande, dont nos préjugés nous font estimer plus haut la valeur. Pourquoi en serait-il autrement? La fibre musculaire, ce riche composé de matière nutritive, n'y est-elle pas plus abondante encore[1]? » M. Coste prouve ce fait par l'exemple de Comacchio, situé, comme chacun le sait, sur les rivages de l'Adria-

1. *Voyage d'exploration sur le littoral de la France et de l'Italie et rapport au ministre sur les industries de Comacchio, du lac Fusaro, etc.*, par M. Coste, membre de l'Institut, professeur au Collége de France. Ce remarquable ouvrage, plein d'intérêt et de sav t s bservations, est indispensable à ceux qui s'occupent de résoudre les uestions d'économie sociale que soulève la pisciculture.

tique, de cette colonie qui, « réfugiée dans une île solitaire qu'une immense lagune isole de toutes les contrées voisines ; réduite pour vivre à exploiter les eaux, comme les autres exploitent leurs champs ; soumise à un régime alimentaire toujours identique, et à un régime presque exclusivement formé de trois espèces de poissons, le *muge*, l'*anguille*, l'*acquadelle*, a pu néanmoins traverser une longue série de siècles en conservant le type de sa race dans un état aussi florissant que les populations des plus riches territoires. Ce mémorable exemple d'un pareil régime, continue le savant explorateur, semble être resté en réserve dans ce coin obscur du globe, comme pour faire éclater aux yeux de tous, quand il en serait temps, la preuve des services que les gouvernements peuvent rendre à l'hygiène publique en favorisant la multiplication d'un aliment qui n'entre presque plus pour rien dans la nourriture des peuples. Il leur enseigne dans quelle voie et par quels moyens leur intervention peut contribuer à créer des ressources proportionnées aux besoins que suscite l'accroissement des populations, ou à relever les races défaillantes. »

Quant à l'objection qui pouvait être élevée par quelques faux disciples de Malthus contre une alimentation où le poisson entrerait relativement pour une part considérable, qu'on se rassure. Les populations qui se nourrissent à peu près exclusivement de poisson, comme celle de Comacchio, ne se multiplient pas plus que d'autres, et cette prétendue vertu prolifique, qu'on attribue à la chair du poisson introduite dans notre organisme, n'est qu'un préjugé mis en avant anciennement par Hippocrate, accueilli par Montesquieu, et propagé *sans examen* par tous ceux qui ont écrit sur cette matière.

Cette objection écartée, il ne reste plus qu'un [illegible] nes p
de bien-être, de bon marché, à laquelle on ne [illegible] urait rester

indifférent. C'est donc une grande œuvre, et qui mérite tous les encouragements, que de chercher les moyens d'enrichir nos eaux de populations nouvelles.

La fécondation artificielle et la pisciculture proprement dite.

Ces moyens sont au nombre de deux : la *fécondation artificielle* et la *pisciculture ;* et la simplicité de leurs procédés est telle qu'on peut, en les appliquant à peu de frais, non-seulement concourir au bien-être général, mais encore tirer de son labeur un ample et légitime profit. La *fécondation artificielle,* comme son nom l'indique, consiste à féconder les œufs de poisson en imitant, à l'aide de manipulations adroitement et délicatement faites, ce qui se passe dans la nature ; en plaçant le mâle et la femelle dans des conditions analogues à celles où ils se mettent eux-mêmes pour perpétuer leur espèce. Quant à la *pisciculture,* elle enseigne les moyens d'élever et de multiplier les poissons, soit qu'on les obtienne par des procédés artificiels, soit qu'on les recueille après leur génération naturelle.

Ce dernier art paraît avoir été pratiqué de toute antiquité. L'autre est plus récent, et ce n'est que de nos jours qu'on a commencé à en faire une application assez large, mais qui laisse encore beaucoup à désirer.

Avant de faire connaître les procédés de fécondation artificielle et d'aborder les questions de pisciculture relatives à l'ensemencement des eaux de la France et au repeuplement de ses rivages, nous croyons utile d'entrer dans quelques détails historiques. Nous dirons d'abord ce qu'a été la pisciculture dans l'antiquité et dans les temps modernes, jusqu'à la fondation de l'établissement d'Huningue, c'est-à-dire jusqu'au moment où, pour la première fois, la fécondation artificielle et la pisciculture sont entrées largement dans le domaine de la pratique. Nous examinerons ensuite les développements et les progrès qui ont été réalisés dans ces dernières années.

CHAPITRE II.

LA PISCICULTURE DANS L'ANTIQUITÉ ET DANS LES TEMPS MODERNES.

Procédés de pisciculture des Chinois.

Dans notre pays, à chaque découverte qui se produit, presque toujours un savant intervient, démontrant fort doctement que cette découverte n'en est pas une, et que les Chinois, avant même que nous fussions nés, la connaissaient depuis longtemps. Il devait en être de même pour la pisciculture; cela n'a pas manqué. En effet, suivant certains auteurs, les premiers essais de pisciculture remonteraient aux Chinois, chez lesquels cet art fut pratiqué de temps immémorial. Sans doute, les Chinois connurent le moyen d'élever le poisson et pratiquèrent en quelque sorte la pisciculture; mais la fécondation artificielle, telle que nous la décrirons, est, comme on le verra, une découverte relativement très-moderne, puisque, selon les critiques qui la reculent le plus, elle ne remonterait pas au delà du XIVe siècle. Voici d'ailleurs ce qui se passe en Chine.

On sait que, dans ce pays, le poisson entre pour une très-large part dans l'alimentation du bas peuple. L'abondance et le bon marché de cette denrée viennent de la mise en pratique de certains moyens qui sont après tout de la plus grande simplicité. A l'époque de la *remonte*, une multitude innombrable de saumons, de truites et d'esturgeons affluent dans la rivière du Kiang-si et dans les autres fleuves, et viennent se jeter jusque dans les fossés qui entourent les plantations de riz. A ce moment, les riches mandarins ont soin de faire planter, au milieu des fleuves et de leurs affluents, des perches et des planches, de disposer des claies, véritables frayères artificielles dont nous parlerons plus tard, et sur lesquelles les poissons déposent leur frai. Après la *descente*, on fait la récolte des œufs, on les ramasse et on les recueille dans des terrines ou d'autres vases plats, pour les livrer au commerce ou pour les transporter dans les cours d'eau qu'on veut empoissonner. Il paraît même qu'on a été jusqu'à en faire éclore dans des coquilles d'œufs d'animaux de basse-cour.

La pisciculture chez les Romains. — Les viviers de Lucullus.

Les Romains, par des moyens analogues, firent ce que faisaient les Chinois, mais ils n'allèrent pas plus loin. « Les descendants de Romulus et de Numa, dit Columelle, tout rustiques qu'ils étaient, avaient fort à cœur de se procurer dans leurs métairies une sorte d'abondance en tout genre, pareille à celle qui règne parmi les habitants de la ville : aussi ne se contentaient-ils pas de peupler de poissons les viviers qu'ils avaient construits à cet effet; mais ils portaient la prévoyance jusqu'à remplir les lacs formés par la nature même de la semence de poissons de mer qu'ils y jetaient. C'est ainsi que les lacs Vélinus, Sabatinus, Vulsiniensis et Cirninus ont fini par donner abondamment des loups marins, des dorades, et toutes les autres espèces de poissons qui ont pu s'accoutumer à l'eau douce. »

Ce que les vieux Romains de la république firent dans le but de satisfaire leurs besoins, plus tard l'amour des jouissances et du luxe l'inspira aux patriciens dégénérés de l'empire. Déjà Lucullus, cet illustre gourmand, avait, à la fin de la république, donné l'exemple de l'exploitation des fleuves et de la mer. « A sa maison de Tusculum, sur les bords du golfe de Naples, il avait fait creuser, dit M. Guezou-Duval, de larges tranchées, véritables canaux conduisant de ses viviers dans la mer. Des ruisseaux d'eau douce débouchant dans ces canaux y entretenaient une eau pure et courante. Dès lors qu'arrivait-il? Que certaines espèces de poissons de mer qui vivent à l'embouchure des fleuves et des rivières, et qui remontent leurs courants à l'époque du frai, entraient dans les canaux ouverts par Lucullus, et y déposaient leur frai, source d'une richesse culinaire immense. Ce n'est pas tout : au moment de leur retour à la mer, des vannes placées à l'entrée des canaux leur fermaient le passage, et eux-mêmes, en attendant que leur postérité eût grandi, allaient remplir la poêle à frire[1]. Ainsi, Lucullus exploitait la mer au profit de ses viviers, non plus comme un pêcheur qui confie à un étang le goujon qu'il a pris, mais comme un naturaliste qui connaît les mœurs des animaux, et applique en grand cette science à son profit. » Les patriciens romains qui allaient oublier, dans leurs villas des bords du golfe de Baïa ou de Naples, les ennuis de Rome, imitèrent à l'envi l'exemple de Lucullus : tous eurent des piscines alimentées par la mer.

1. Aujourd'hui encore ces procédés sont à bien peu de chose près les mêmes sur les rives du bassin d'Arcachon. MM. Javal, Boissière et plusieurs grands propriétaires riverains ont là d'immenses réservoirs dont eux ou leurs fermiers tirent grand profit. Nous les avons visités en 1853, et nous nous sommes assuré que la spéculation était fort bonne, surtout depuis l'établissement des chemins de fer.

Les huîtres du lac Lucrin. — Sergius Orata.

L'industrie des huîtres, aujourd'hui négligée et menacée de la destruction par les bras mêmes de ceux dont elle soutient la vie, était alors pratiquée avec intelligence par ces riches Romains, qui trouvaient là de quoi satisfaire leurs désirs de jouissances et combler les vides sans cesse creusés dans leur fortune par les besoins effrénés de la ville impériale. Celui qui la mit le premier en usage fut Sergius Orata, qui vivait au temps de l'orateur Crassus. Sergius Orata, homme riche, élégant, d'un commerce agréable et qui jouissait d'un grand crédit, imagina, dit M. Coste[1], d'organiser des parcs d'huîtres et de mettre ce mollusque en renom. Il fit venir des huîtres de Brindes, et persuada à tout le monde que celles qu'il élevait dans le Lucrin y contractaient une saveur qui les rendait plus estimables que celles de l'Averne, ou même que celles des contrées les plus célèbres. Son opinion prévalut avec une telle rapidité que, pour suffire à la consommation, il finit par couvrir presque tout le pourtour du lac Lucrin de constructions destinées à loger ses huîtres, s'emparant ainsi du domaine public avec si peu de ménagement, qu'on fut obligé de lui intenter un procès pour le déposséder de ce qu'il avait usurpé. Au moment où lui survint cette mésaventure, et pour exprimer le degré de perfection où il avait amené cette industrie, on disait de lui, par allusion aux bains suspendus dont il fut aussi l'inventeur, que, si on l'empêchait d'élever des huîtres dans le lac Lucrin, *il saurait bien en faire pousser sur les toits*. Sergius, en effet, ne s'était pas borné à organiser les parcs d'huîtres : il avait créé une nouvelle industrie dont les procédés sont en-

1. *Voyage d'exploration sur le littoral de la France et de l'Italie.*

core appliqués à quelques milles du lieu où il l'exerçait. Car, selon M. Coste, l'industrie du lac Fusaro n'est qu'une pratique imaginée par les anciens Romains, continuée par leurs descendants, et qui fut pour Sergius Orata, *luxuriarum magister*, comme l'appelle Cicéron, la source d'un immense bénéfice, puisque, au dire de Pline, ce ne fut pas seulement pour son plaisir, mais par amour du lucre, qu'il se livra à cette entreprise.

Le moyen âge. — Les boîtes de dom Pinchon.

Les nobles Romains conservèrent toujours l'usage d'élever le poisson dans des viviers. Les Gaulois dégénérés empruntèrent à leurs vainqueurs leur amour du luxe et des jouissances, et de splendides villas s'élevèrent dans la Gaule, enrichies de grands viviers où les espèces les plus précieuses étaient élevées et nourries pour la gourmandise de leurs possesseurs. Les conquérants germains imitèrent cet usage, et les moines, héritiers de la civilisation romaine, se gardèrent bien de le rejeter, surtout quand ils commencèrent, et ce fut de bonne heure, à oublier les règles austères de leurs premiers instituteurs. Ils apprirent à peupler les étangs et les cours d'eau de leurs riches domaines des poissons les plus rares et les plus estimés, et, suivant certains écrivains, dès le XIVe siècle, l'un d'eux, dom Pinchon, moine de l'abbaye de Réome, trouva le moyen de les féconder. « Il avait des boîtes longues en bois, fermées aux deux extrémités par un grillage d'osier. Sur le fond de bois, il formait un lit de sable fin, et, imitant la truite qui creuse un peu le sable avant d'y déposer ses œufs, il préparait une légère excavation dans la couche de sable, pour déposer les œufs qu'il avait préalablement fait féconder. Il plaçait la boîte dans un lieu où l'eau était faiblement courante, et attendait l'éclosion qui, à son dire, s'opérait après vingt jours rarement, et pour tous les œufs dans le mois à peu près[1]. »

Nous verrons plus loin que la boîte exposée à l'annexe du Cours-la-Reine par le collége de France n'est à proprement parler qu'un perfectionnement intelligent de celle dont il est question ici.

Découverte de Jacobi; ses applications.

Dans les âges qui suivirent, la science aborda les questions relatives aux modes de reproduction des poissons, et au temps où Jacobi écrivait son mémoire, c'est-à-dire au XVIIIe siècle, on avait des idées arrêtées sur leurs habitudes et on connaissait leur manière de se reproduire. L'observation avait appris que le contact de l'œuf et de la semence est un *phénomène externe réalisé entre deux produits expulsés de l'organisme des parents et se combinant en dehors de cet organisme.* De cette observation à l'idée que ce qui se passe normalement dans la nature pourrait être artificiellement imité dans un récipient, il n'y avait qu'un pas, et c'est là ce que Jacobi comprit avec une admirable sagacité. Il s'en explique de la manière suivante : « Si l'on compare, dit-il, cette histoire de la *propagation naturelle* des bructes et des saumons *avec les procédés que nous en avons déduits pour les faire naître chez soi*, nous nous flattons que l'on reconnaîtra dans notre méthode toutes les attentions indiquées comme principales et essentielles par la nature. »

Et en effet, ses procédés diffèrent peu de ceux que l'on met aujourd'hui en usage. Toutes les parties du travail

1. *Observations sur la pisciculture*, par M. le baron de Montgaudry.

de Jacobi, dit M. Coste dans l'introduction à ses *Instructions pratiques sur la pisciculture*, sont empreintes d'un tel caractère de précision et d'un bon sens si pratique, que toutes les questions fondamentales s'y trouvent résolues. Aussi, à peine cette nouvelle découverte avait-elle fait son apparition dans le domaine de la science, qu'elle passait immédiatement dans celui de l'industrie. C'est dans le Hanovre, près de Nortelem, que ces premières épreuves furent tentées. Elles donnèrent des résultats assez importants pour que les poissons obtenus par ce procédé y soient devenus l'objet d'un grand commerce, et pour que l'Angleterre, voulant récompenser un pareil service, accordât une pension à celui qui avait pris cette heureuse initiative.

Au commencement de ce siècle, on s'occupa aussi de pisciculture chez nous. Vers 1820, plusieurs personnes du département de la Côte-d'Or, de la Haute-Marne et des pays voisins, firent des essais à Touillon et à Fontenay, près de Montbard (Côte-d'Or). M. Pilachon possède encore à Nogent, près de Montbard, les boîtes dont il se servait pour l'éclosion des œufs de truite. MM. Hivert et Pilachon procédaient de la même manière que le moine dom Pinchon ; seulement, M. Pilachon employait des grillages en métal au lieu de grillages d'osier. Il explique qu'il grillait ses boîtes avec les *formes* dont on se servait alors pour faire le papier avant l'usage des machines[1]. En 1837 et en 1841, lorsque le saumon commença à diminuer dans les eaux de la Grande-Bretagne, M. Shaw d'abord, et M. Boccius ensuite, eurent recours à la fécondation pour multiplier une espèce si précieuse. Leurs expériences, dont M. Coste donne le détail, eurent un plein succès.

1. *Observations sur la pisciculture*, de M. de Montgaudry.

Remy et Géhin.

A peu près à la même époque, Remy, pêcheur de la Bresse, refaisait laborieusement, n'ayant pour guide que son instinct, les expériences déjà entreprises par des naturalistes célèbres, et arrivait aux mêmes résultats. Le *premier* dans notre pays, il appliquait la fécondation artificielle à l'élève du poisson, et méritait d'être considéré en France comme l'inventeur des procédés de fécondation artificielle. Ses premiers essais, auxquels il associa plus tard Gehin, datent de 1842. « Pendant plus de six mois, disent MM. Detzem et Berthot, Gehin et Remy n'ont eu qu'une idée fixe : découvrir comment les poissons se reproduisent. On ne surprend les secrets de la nature qu'en observant avec assiduité ce qu'elle fait avec la lenteur, la constance et la régularité de ses lois admirables. Ils se mettaient alternativement en faction pendant les longues heures du jour et de la nuit, par des temps rigoureux ; ils s'étendaient le long des bords qu'ils avaient d'avance étudiés, s'appuyant sur les mains, le cou tendu, la tête en surplomb, observant le silence le plus absolu, l'immobilité la plus parfaite, et ils regardaient. C'est ainsi qu'on trouve les choses simples : il faut du génie, et le génie c'est la patience et le travail [1]. »

1. Nous citons ici l'opinion de MM. Detzem et Berthot. Celle-là du moins est impartiale et consciencieuse. D'autres exagérèrent la portée du travail des deux pêcheurs de la Bresse, exaltèrent leurs noms et firent *trafic* de l'engouement qu'ils excitèrent. Il en est résulté que l'opinion s'est refroidie, dans ces derniers temps surtout. Quelques-uns même ont contesté le mérite des deux pêcheurs, et ont prétendu que cette découverte leur avait été faussement attribuée. Nous ne voulons pas encore nous prononcer sur ce point, que l'avenir jugera. La mort de Remy nous impose d'ailleurs le silence sur

La Société d'émulation des Vosges décerna à chacun des deux pêcheurs une médaille d'encouragement, et le gouvernement, sur les instances d'une commission composée de MM. Coste, Milne-Edwards, Valenciennes, etc., récompensa leurs efforts.

Mais cette découverte resta longtemps enfermée dans les archives de la Société d'émulation des Vosges. Ce ne fut qu'en 1848 qu'une réclamation fut faite à l'Académie des sciences en faveur de Remy, à l'occasion d'une lecture dans laquelle M. de Quatrefages, sans connaître les recherches des pêcheurs de la Bresse, rappelait aux agriculteurs que la science leur fournissait un moyen, éprouvé depuis un siècle, de pourvoir au repeuplement des rivières et des fleuves, comme les applications faites en Allemagne et en Angleterre en donnaient la preuve.

On s'émerveilla alors de la pratique des pêcheurs de la Bresse. Les journaux félicitèrent les inventeurs. Le public applaudit, comme il applaudit à tout ce qui est nou-

certains faits que nous voulions signaler ; nous ne mentionnerons donc que ceux qui peuvent intéresser l'histoire. En passant de la Haute-Saône dans les Vosges, de l'autre côté de Remiremont à Saint-Maurice, au pied du *Ballon*, nous nous sommes arrêté chez un maître de poste aubergiste, M. Valrof-Bally, qui a beaucoup connu Remy et Gehin. Il nous a assuré que ni l'un ni l'autre n'avait rien découvert, que depuis longtemps les procédés qu'ils s'étaient appropriés étaient connus dans le pays par tout le monde, seulement qu'on ne s'en servait pas, faute de voir la possibilité de retenir le poisson fécondé artificiellement dans les eaux de la localité. « A quoi bon, nous disait notre hôte, faire du poisson qui ira se faire pêcher ailleurs ? » Suivant lui aussi, et dans tous les cas, Remy aurait eu tout le mérite, si mérite il y a. Gehin, disait-il, tenait une auberge dans laquelle Remy entrait quelquefois. Dans leurs entretiens, Remy fit comprendre à Gehin qu'il y aurait peut-être quelque parti à tirer de ces procédés dont il s'était, par goût, occupé plus particulièrement que ses confrères. Le seul titre de Gehin serait donc d'avoir su s'assimiler les idées de Remy et retirer une large part dans les bénéfices de l'entreprise. M. Labbé, conservateur des hypothèques à Lure, a été témoin de l'entretien que nous venons de rapporter ici pour l'acquit de notre conscience.

veau pour lui et lui semble extraordinaire; mais peu de personnes firent des essais de pisciculture et de fécondation artificielle. On oublia vite cette importante découverte, et les pêcheurs eussent continué sans bruit, dans leur vallée reculée des Vosges, de féconder et de vendre leur poisson ou leurs œufs sans profit pour la société, si un homme, un savant, ne s'était emparé de cette idée tombée dans le domaine public, pour la travailler et la perfectionner.

M. Coste, professeur d'embryogénie au Collége de France, comprit ce qu'il y avait de riche et de fécond dans cette découverte, qui touchait d'ailleurs de très-près aux matières de son enseignement. Il intervint donc dans la question, et cette intervention fit entrer la pisciculture dans une voie plus large. L'attention du gouvernement allait être éveillée; Huningue allait être fondé.

Création de l'établissement d'Huningue.

A l'époque où fut connue la découverte des pêcheurs de la Bresse (pour continuer à nous servir de l'expression consacrée), M. Coste avait déjà commencé sur la domestication des poissons des expériences auxquelles se rapportent ses travaux sur l'élève des anguilles et sur la nidification de l'épinoche, publiés à la fin des *Instructions pratiques sur la pisciculture*. Professeur d'embryogénie comparée depuis bientôt dix ans, M. Coste, pour répondre aux nécessités de son enseignement et faire suivre à son auditoire les phénomènes du développement des êtres, était souvent obligé d'avoir recours au procédé de la fécondation artificielle. La question que soulevait la découverte de Remy rentrait donc dans les limites de ses études : il crut devoir y consacrer une place dans son laboratoire[1]. Un

1. Le laboratoire de M. Coste, généreusement ouvert à toutes les

appareil y fut établi pour étudier toutes les conditions qui favorisent ou décident le succès des opérations, dans le but de perfectionner les procédés de fécondation artificielle, de transformer en règles certaines les pratiques encore douteuses et indécises, enfin de propager et de répandre cette découverte féconde. En même temps, M. Coste adressait au ministre de l'Agriculture et du Commerce des rapports pleins d'intérêt, qui éveillèrent l'attention du gouvernement et le décidèrent à donner les fonds nécessaires pour créer un établissement de pisciculture à Huningue[1].

De ce moment seulement la pisciculture put avoir en France des chances de succès et des espérances d'avenir. Et pourtant, Huningue s'éleva au milieu des railleries d'une critique âpre et souvent malveillante. Des hommes

personnes qui s'occupent de pisciculture, a commencé, sans contredit, la vulgarisation de la science piscicole. Pour notre part, nous devons beaucoup aux bienveillants entretiens de M. Coste et aux excellents renseignements de M. Gerbe, préparateur au Collége de France et naturaliste des plus distingués. Des myriades de jeunes poissons, des truites, des saumons, des ombres-chevaliers, peuplent les bassins du Collége de France. De nombreux visiteurs ont pu constater leur parfait état de prospérité. Avant de livrer cet ouvrage à l'impression, nous avons voulu faire de fréquentes visites aux jeunes élèves du savant naturaliste. Pendant toute cette dernière campagne, nous avons trouvé qu'ils continuaient à fournir la preuve vivante du succès, assuré désormais, de la méthode de fécondation artificielle et d'élève des jeunes poissons, pratiquée et enseignée par M. Coste. Dernièrement, 50 000 jeunes truites et saumoneaux ont été portés dans les lacs du bois de Boulogne. Tous les journaux ont annoncé le fait, et chacun peut aujourd'hui s'assurer qu'ils y prospèrent à merveille. Les promesses de la pisciculture se réalisent donc, grâce aux travaux dévoués des maîtres. C'est ici le cas de rappeler la parole de M. de Quatrefages, qui était véritablement une prophétie : « Un temps viendra où l'on sèmera le poisson comme on sème le froment. »

1. *Moniteur* du 5 août 1852. Voir dans ce numéro le rapport de M. Coste, celui de M. Heurtier et la décision ministérielle qui accorde 30 000 francs pour la fondation de l'établissement d'Huningue.

incompétents et jaloux, d'autres mal renseignés sans doute, demandaient avec moquerie ce que c'était qu'Huningue, et ils se chargeaient eux-mêmes de la réponse. Huningue n'était rien, disaient-ils, si ce n'est la représentation de 30 000 fr. tirés sans profit à l'État. D'autres parlaient de 60 000 fr.; on allait même jusqu'à 100 000! Heureusement les railleries ne purent détourner les hommes d'Huningue de leur tâche laborieuse : tandis que les plaisanteries redoublaient, 1 500 000 œufs étaient fécondés et élevés dans cet établissement, et les trois quarts de cette riche moisson étaient distribués à la France et à l'Europe. Avec 30 000 fr., le gouvernement français faisait passer une découverte du domaine de la science dans celui de l'application; il fondait une école où l'Europe entière est venue s'instruire, une *piscifacture* où elle est venue s'approvisionner : car l'établissement poursuit ses travaux et ses envois, et ses œufs arrivent tous en bon état, pour éclore régulièrement et avec un succès complet sur tous les points de l'Europe[1].

Mouvement piscicole déterminé en Europe par la fondation de l'établissement d'Huningue.

Que dire maintenant d'Huningue, de ses procédés de fécondation et des moyens de transport qu'on y emploie? Les critiques se taisent devant l'éloquence brutale des chiffres et des faits. Ils commencent à sentir que les rieurs ne sont plus de leur côté, ou bien ils ont reconnu qu'on les avait induits en erreur. Des délégués de toutes les provinces, de tous les pays, vinrent visiter cet établissement, qui expédia libéralement de tous côtés des œufs aux établisse-

1. *Voyage d'exploration* de M. Coste. Voyez le tableau des envois faits dans les premiers jours de cette année, et dont la réussite n'a rien laissé à désirer (page XXIX).

ments fondés, à l'imitation de celui d'Huningue, en Angleterre, en Allemagne, en Suisse, afin que la grande expérience qui touche au problème de l'alimentation des peuples eût un caractère européen. Aussi, dès le 21 décembre 1853, lisait-on déjà dans la *Gazette de Munich :* « La pisciculture artificielle gagne tous les jours du terrain. Le roi vient de visiter en personne notre établissement de l'école vétérinaire, et la reine a demandé des renseignements sur les procédés de cet art nouveau. Grâce à l'habile ingénieur d'Huningue, nous avons reçu de vrais saumons du Rhin. »

Pendant que la *Gazette de Munich* annonçait l'éclosion des œufs envoyés de l'établissement d'Huningue, le *Courrier de la ville et de la campagne* signalait, dans les termes suivants, le même fait qui se passait à Wurtzbourg : « L'établissement de pisciculture des environs d'Huningue a expédié à celui qui a été créé à Wurtzbourg une certaine quantité d'œufs fécondés de saumons du Rhin. Honneur et reconnaissance pour ce précieux cadeau ! Nous nous empressons de le témoigner publiquement et prenons ici l'engagement d'appuyer en tout, et par tous les moyens possibles, les efforts des pisciculteurs de cette localité pour la poursuite et le perfectionnement d'une industrie aussi intéressante qu'importante dans ses résultats futurs. »

Dans toute l'Europe éclatent le même enthousiasme et la même reconnaissance pour Huningue. Voici ce qu'on lit dans un travail sur la pisciculture publié par M. Rueff, professeur au célèbre institut agronomique de Hohenheim : « Le roi de Wurtemberg a établi dans son domaine de *Monrepos* une pisciculture.... Quoique la nouvelle méthode fût employée en Allemagne avant de l'être en France, nous sommes néanmoins obligé de reconnaître l'établissement d'Huningue comme le point principal d'où est partie l'impulsion qui a donné à cette méthode une si grande propagation. »

En Belgique, en Angleterre, en Écosse et en Irlande, l'industrie nouvelle se développe sur une échelle immense. Le *Traité de pisciculture* de M. Coste a été traduit en Angleterre, et d'importants résultats ont été obtenus dans ce pays.

La France, après avoir donné l'impulsion, n'est pas restée en arrière du mouvement qu'elle a provoqué en Europe par les expériences du Collége de France et par la fondation de l'établissement d'Huningue. De toutes parts les travaux sur la fécondation artificielle, sur l'acclimatation, et en général sur la multiplication du poisson, s'y poursuivent avec activité. M. Regnault, de l'Institut, dans le parc de la manufacture de Sèvres; M. Desmé, dans son domaine de Puygiraut, près Saumur; M. Chabot, alors qu'il dirigeait la piscifacture d'Enghien; M. de Polignac, au château du Mesnil, et nous-même, à Versailles, avons fait des élèves dans des eaux où jamais il n'avait existé ni truite, ni saumon, ni ombre-chevalier, et les résultats obtenus ont été très-satisfaisants.

Pour ce qui concerne M. de Polignac, voici dans quels termes il annonça ses succès à M. Coste : « Les produits en poissons que vous avez bien voulu me donner prospèrent dans le petit vivier de la Chartreuse. Sur cent truites et saumons que j'y ai mis en 1853, on en voit de vingt-cinq à trente assez gros, devant peser de deux à trois livres au moins. C'est un beau résultat, qui fait honneur à votre méthode nouvelle d'acclimater les poissons dans toutes les eaux.

« Nous avons aussi des truites et des saumons dans le Mirain, et j'en ai reconnu quelques-uns de 1854 bien profité.

« J'espère que les *saumons du Rhin* et *du Danube*, que les *ombres-chevaliers*, les *truites des lacs* et les *truites communes* que vous m'avez donnés cette année profiteront encore mieux que les autres, étant dans une belle cressonnière. »

Ce résultat, contrairement à ce qu'en ont pu penser des personnes inexpérimentées, prouve que des poissons alevinés à l'aide d'une nourriture artificielle, et livrés ensuite à leurs propres instincts dans des cours d'eau, savent parfaitement y découvrir les proies vivantes qui leur conviennent.

Partout enfin on construit des piscines, parmi lesquelles se placent au premier rang celles qui ont été établies par M. le marquis de Vibraye, au château de Cheverny; par M. le docteur Lamy, dans le parc de Maintenon; par M. le professeur Pouchet, à Rouen; par M. Petit-Huguenin, à Nemours; par M. Blanchet, à Rives; par M. Caron, sous le patronage du préfet, dans le département de l'Oise, etc., etc. Voici une pièce importante, qui est le témoignage officiel des succès obtenus par ce dernier à Beauvais :

« Les soussignés, membres de la commission instituée par la Société académique de l'Oise pour surveiller les opérations de pisciculture de l'établissement départemental fondé à Beauvais et dirigé par M. Ch. Caron, se sont rendus plusieurs fois dans cet établissement, où ils ont vu, dans une première visite, une grande quantité d'œufs de poisson que M. Caron leur a déclaré avoir été fécondés à l'établissement d'Huningue, et, dans une dernière visite, des myriades de poissons de différentes espèces, éclos de ces mêmes œufs et déjà pour la plupart à l'état d'alevin. Ils ont vu également, dans les appareils de M. Caron, des *poissons du pays* provenant d'œufs recueillis et fécondés par lui-même, par les procédés auxquels l'a initié M. Coste, membre de l'Institut. Les espèces provenant des œufs d'Huningue sont : le *saumon* ordinaire, la *truite* commune, la *truite* des lacs, l'*ombre-chevalier*, l'*ombre* commun. Les espèces du pays écloses jusqu'à ce jour sont : la *truite saumonée*, la *truite commune*, la *perche*. En présence de ces résultats, les soussignés pensent que les procédés de fécondation artificielle, tels qu'on les pratique à l'établissement d'Huningue, et les moyens de transport adoptés par cet établissement pour expédier les œufs des poissons à de grandes distances, sont maintenant des questions complétement résolues, et qu'il n'est plus permis de douter du succès de cette entreprise, qui est destinée à rendre des services de la plus haute importance. » (Suivent les signatures, avec leur légalisation par le maire et le préfet.)

La pisciculture maritime.

Multiplier le poisson par la fécondation artificielle et par les moyens naturels, afin d'arriver à repeupler les eaux de la France, tel était le désir de tous, tel était le but de tous les travaux. Mais à la mer appauvrie, à ses rivages autrefois si riches et abandonnés aujourd'hui par les poissons, nul ne songeait encore. La pisciculture maritime était mise de côté. Heureusement M. Coste y pensa. Sur le rapport de M. Heurtier, conseiller d'État, alors directeur général de l'Agriculture et du Commerce, ce savant naturaliste fut invité, par décision ministérielle du 6 août 1852, à explorer les côtes de France et d'Italie, afin de généraliser ou d'importer les meilleurs procédés de pêche et de multiplication du poisson.

Les observations profondes et variées que M. Coste a faites dans cette exploration ont été consignées dans un grand ouvrage publié cette année à l'Imprimerie impériale, sous ce titre : *Voyage d'exploration sur le littoral de la France et de l'Italie; rapport à M. le ministre de l'Agriculture, du Commerce et des Travaux publics sur les industries de Comacchio, du lac Fusaro, de Marennes et de l'anse de l'Aiguillon, par M. Coste, membre de l'Institut, professeur au Collége de France.* Dans cet ouvrage remarquable, M. Coste fait connaître les divers procédés au moyen desquels on peut lutter contre les causes de destruction qui menacent l'industrie des pêches maritimes. Il s'étend particulièrement sur les appareils mis en pratique à Comacchio, et, avec un éclat de style qui rappelle celui des plus grands naturalistes, il montre cette colonie exilée dans les lagunes de l'Adriatique et parvenant, à force de persévérance et d'industrie, à trouver sa vie dans la mer, dont elle exploite les eaux comme les agriculteurs exploitent leurs champs. Ce livre est le document le plus complet et le plus remarquable que nous ayons sur la pisciculture maritime. La révélation détaillée de l'importance de Comacchio (car on peut dire que M. Coste en a fait connaître le premier toute la valeur) aura, si l'on profite des observations de ce naturaliste, les résultats les plus importants sur l'industrie des pêches dans notre pays.

CHAPITRE III.

RÉCOLTE, FÉCONDATION ET INCUBATION DES ŒUFS.

Fécondité des poissons.

La fécondité des poissons a toujours été un sujet d'étonnement pour l'homme. On a vu de ces petits êtres pesant à peine 500 grammes contenir 100 000 œufs; une *carpe* de 40 centimètres de longueur en avait 262 224; une autre, longue de 45 centimètres, 342 144; une *perche* contenait 282 000 œufs; une autre 380 650. Une femelle d'*esturgeon* pondit 59 kilogrammes et demi d'œufs, et, comme sept de ses œufs pesaient un grain, le tout pouvait être évalué à 7 653 200 œufs. Qui ne connaît la prodigieuse fécondité des *morues*, dont une seule, ouverte par expérience, renfermait plus de neuf millions d'œufs? On a calculé que, si tous les œufs de *hareng* étaient fécondés, il ne faudrait pas plus de huit ans à l'espèce pour combler tout le bassin de l'Océan, et que, si le globe était couvert d'eau, il serait bientôt trop étroit pour contenir ce poisson (*culpea harengus* de Linné), type de fécondité.

Et pourtant, comme nous l'avons dit, malgré ces qualités reproductrices, les poissons ne peuvent lutter contre les causes de destruction et de mort qui les assiégent de toutes parts, et chaque année la population aquatique de nos fleuves et de nos rivières va s'amoindrissant, livrée souvent par l'insouciance et l'incurie aux embûches que tend au jeune poisson le pêcheur imprévoyant et avide. Heureusement la science est venue au secours de l'homme:

au moment même où elle venait de nous donner ces bateaux rapides, mais destructeurs, la pisciculture a été mise en pratique. Nous allons essayer d'indiquer quels sont les procédés qui peuveht conduire aux meilleurs résultats. Rappelons-nous seulement avant tout que la fécondation artificielle n'est qu'une imitation de la nature, et qu'il faut, si l'on veut réussir, l'interroger sans cesse, la suivre pas à pas. N'est-ce pas un pêcheur, après tout, qui a le premier chez nous attiré les yeux sur cette science nouvelle? C'est pourquoi, quand nous aurons décrit les procédés généraux de la fécondation artificielle et de la pisciculture, nous croyons qu'il sera utile d'entrer dans quelques particularités touchant les espèces les plus répandues dans les eaux de notre pays, et de faire connaître leurs habitudes et leurs mœurs. C'est dans cette étude que le lecteur découvrira quelles sont les conditions les plus favorables au développement de ces espèces intéressantes.

Fraie. — Frayère. — Frai.

On appelle *fraie*, tantôt la saison où la femelle dépose ses œufs et où le mâle vient les féconder (on dit : l'époque de la fraie, le temps du frai, nous sommes en pleine fraie), tantôt seulement l'acte par lequel le poisson lui-même procède à sa reproduction (le poisson fraye; cette carpe vient de frayer). Le lieu où les œufs sont déposés se nomme *frayère*, et le produit de la ponte est désigné sous le nom de *frai*[1].

Si, dans l'espèce et à propos du frai, nous attachions une bien grande importance aux divisions, nous adopte-

1. Ce nom est improprement employé pour désigner le petit poisson qui sert au repeuplement ou qui se met comme amorce pour pêcher le brochet, par exemple.

rions volontiers celle qui a été indiquée par M. Coste, en premier lieu, dans une note sur les frayères artificielles lue à l'Académie des sciences, le 5 juin 1854[1], et plus tard dans son *Voyage d'exploration*[2], division adoptée par la Société impériale zoologique d'acclimatation dans sa séance du 16 mars dernier[3]. Sur la proposition d'une commission spéciale dont M. Millet était le rapporteur, elle a admis : « qu'on devait établir une distinction entre les espèces de poissons qui donnent, les uns (saumons, truites, ombres, féras, etc.) des œufs *libres*, et les autres (carpes, tanches, gardons, etc.) des œufs *qui se collent* ou s'attachent, immédiatement après la ponte, contre les objets environnants. »

Nous ne voyons pas beaucoup à quoi ces distinctions peuvent servir dans la pratique. Suivant nous, il serait peut-être plus vrai et plus utile de dire que le frai des espèces d'eau douce peut être divisé en deux catégories : la première comprenant les *salmones* et les *ésoces*, saumons, truites, brochets, plus un sous-genre de la famille des *gades*, la lotte, qui fraye de novembre à mars; dans la deuxième se rangerait toute la grande famille des *cyprins :* carpes, goujons, barbeaux, vandoises, etc., et les *persèques*, perches, se composant d'espèces dont le frai commence en avril pour finir en août.

Conditions dans lesquelles doivent se trouver les œufs qu'on veut recueillir.

Comme l'ont fait remarquer tous les naturalistes,

1. *Comptes rendus de l'Académie des sciences*, 1854, premier semestre, tome XXXVIII, page 985.
2. Introduction, page XVI.
3. Bulletin de cette Société, livraison d'avril, tome II, p. 196.

les poissons sont doués d'un grand instinct, non-seulement pour le dépôt ou le placement de leurs œufs, mais aussi pour le choix des circonstances dans lesquelles ils procèdent à la fraie. Les uns quittent la mer, les fleuves et les rivières, pour se porter dans les eaux vives, fraîches et peu profondes, dont la température reste dans des limites convenables, soit pour l'acte de la fécondation, soit pour l'éclosion; les autres quittent les fleuves et les rivières pour gagner les gares, les étangs, ou les mares dont les eaux tranquilles et chaudes favorisent les deux actes importants de la reproduction. Quand les uns et les autres ne rencontrent pas ces conditions nécessaires, ils renoncent à frayer, et souvent les femelles meurent en conservant trop longtemps des œufs qui s'altèrent et se décomposent. Ces exemples sont fréquents soit dans des boutiques, chez les poissons que l'on tient ainsi renfermés, soit dans des viviers mal appropriés pour la fraie, soit chez les poissons qui subissent des influences atmosphériques nuisibles à la reproduction; les crues d'eau, par exemple, les variations brusques de température, arrêtent ou empêchent la reproduction du plus grand nombre des poissons[1]. C'est pourquoi il importe beaucoup, pour obtenir des résultats certains dans les fécondations artificielles, de bien étudier les particularités, les habitudes de chaque espèce, et de rechercher les conditions et les *milieux* qui lui conviennent. Car, si vous placez les poissons de façon à ce qu'ils puissent être entourés de circonstances hostiles, ils contracteront nécessairement des maladies, des affections qui rendront également impropres à la fécondation les œufs et la laitance. Pourquoi plusieurs de nos expérimentateurs ont-ils déjà essuyé tant d'insuccès et de mécomptes? C'est

1. *Annales forestières*, août 1853.

parce qu'ils ne se sont pas assez mis en peine de savoir quelles étaient les conditions les plus favorables au développement de chaque espèce.

Il ne suffit pas de prendre à l'époque de la fraie des poissons dans les boutiques, dans les viviers, ou même dans les rivières; la première condition essentielle, c'est de n'opérer qu'avec des poissons bien sains, et pour cela, le meilleur mode à suivre est de les prendre sur les frayères ou dans les environs. Il faut en deuxième lieu que les produits que l'on recherche chez ces poissons soient en état de *maturité*. Cet état est assez facile à déterminer : chez la femelle, l'anus est alors très-gonflé, turgescent, fortement injecté et présentant les caractères d'une inflammation naturelle, comme celle qu'on remarque à l'époque du rut ou des chaleurs chez d'autres animaux; enfin les œufs coulent, s'échappent facilement. D'ailleurs, quand ils ont atteint le degré voulu, on l'apprécie très-bien en palpant l'animal. Il faut sentir dans la région du ventre une fluctuation analogue à celle que chacun connaît et a constatée en touchant une poire bien molle, ou encore une vessie à laquelle il ne manque que quelques gouttes d'eau pour être pleine, ou enfin, si l'on veut, un *abcès* bien mûr et prêt à percer. Il y a ici, bien que dans un tout autre sens, analogie de maturité. Chez le mâle, la laitance mûre coule naturellement par jets ou par gouttes mi-laiteuses, mi-crémeuses, à la moindre secousse ou sous la plus légère pression des doigts. Pour peu que la laitance ne sorte pas facilement, on ne doit pas insister : c'est que la maturité n'est pas complète, et alors on s'exposerait à avoir un produit sanguinolent, qui ne vaudrait rien pour l'objet qu'on se propose.

Récolte des œufs.

Il y a plusieurs moyens de se procurer des œufs. On peut les recueillir tout fécondés naturellement sur les frayères, comme par exemple les œufs de *truite* et de *goujon* en les ramassant sur les cailloux où ils sont déposés ; les œufs de *carpe* et de *brème*, en coupant les herbes auxquelles ils sont attachés; les œufs de *perche*, en enlevant les orientements où ils ont été exposés sous forme de *guipures*[1].

Un autre moyen, qui est également bon, serait de prendre les reproducteurs et de les élever dans des réservoirs : ce procédé aurait l'avantage de permettre à l'observateur d'étudier les phases diverses des phénomènes de la fécondation et de la reproduction des poissons dans cet état de captivité. Nous avons déjà dit dans nos revues du *Pays*, en citant une expérience dont nous avions été témoin à Huningue, que les œufs des femelles ainsi captives mûrissaient très-bien. Enfin, et cette dernière pratique est incontestablement la meilleure, parce qu'elle est à la fois la plus naturelle et la plus commode, on peut se procurer des œufs en s'emparant des poissons à l'époque du frai dans les lieux qu'ils ont l'habitude de fréquenter, et en les réunissant dans un vivier ou dans une boutique où l'on peut ensuite facilement les prendre.

Fécondation artificielle.

Parmi les divers procédés qui ont été mis en usage pour cette opération, nous choisirons celui dont nous

1. Il y en a tous les ans des quantités considérables sur les bords de la pièce d'eau des Suisses; ils ont tous été enlevés cette année, nous ne savons par qui.

nous sommes servi nous-même avec le pêcheur Glaser, sur le Rhin, à Bâle, en présence de MM. Detzem et Chabot, que nous citons avec intention, à cause d'une discussion qui a eu lieu ensuite et sur laquelle nous reviendrons en son temps. Ce procédé est d'ailleurs à peu près identiquement le même que celui que décrit M. Coste dans ses *Instructions pratiques*, auxquelles nous emprunterons plus d'un passage.

Quand on veut féconder artificiellement des œufs de poisson, on se procure un vase quelconque, de verre, de faïence, de bois, ou même de fer-blanc. La condition essentielle et presque de rigueur, c'est que le fond soit plat, qu'il soit d'ailleurs ou qu'il ne soit pas aussi évasé que l'ouverture. L'important, c'est que les œufs puissent se répandre sur une certaine surface et ne s'y accumulent pas trop les uns sur les autres en une masse difficile à pénétrer. Il va de soi que le vase sera propre. On y versera ensuite quelques litres d'eau bien claire, de façon à couvrir le fond de 10 centimètres environ. Nous parlerons plus loin de la température de cette eau.

Après ces préparatifs, bien simples comme on le voit, l'opérateur, qui aura eu le soin de mettre à sa portée les mâles et les femelles, prendra d'abord une femelle et l'enveloppera dans un linge, si elle est assez grosse pour lui faire craindre que, ne pouvant l'embrasser et la maîtriser, elle ne glisse dans sa main[1]. Quoi qu'il en soit,

1. Nous devons dire qu'il est peu de pêcheurs qui aient recours à ce luxe de précaution; l'habitude ou même, du premier coup, l'adresse, donne une sûreté de poignet, un sentiment tel de ce qu'il faut pour dompter l'animal (c'est presque le mot), qu'on ne s'embarrasse de rien. D'ailleurs, quand les œufs sont bien mûrs, on a si vite fait que les mouvements de rébellion sont peu à craindre. Ainsi, pour citer un exemple de la sécurité des praticiens à cet endroit, nous dirons que c'est sur un *radeau* que Glaser fait presque toutes ses fécondations, et il semble ne pas plus s'inquiéter que s'il était sur le parquet de sa chambre.

quand on sent que le poisson est bien dans la main, le dos dans le creux de la main et la partie opposée en dehors, on passe légèrement la face interne du pouce ou celle de deux doigts sur le ventre, en allant du dessous de la tête à l'anus et sans déployer la moindre force. Les œufs, s'ils sont mûrs, couleront alors naturellement et

Fig. 1. Dernier temps d'une manipulation ayant pour but de faire pondre artificiellement une femelle.

sous la plus légère pression, en jaillissant même d'une manière marquée, et seront reçus dans le vase préparé à l'avance. Notre figure donne très-bien l'idée de ce temps de la manipulation faite dans de bonnes conditions. Si, au contraire, les œufs n'étaient pas mûrs, on sentirait une résistance contre laquelle *il ne faudrait pas lutter*. On remettrait alors la femelle dans le vivier ou dans la boutique du pêcheur, et, si on n'en avait pas d'autres sous la main, on renverrait l'entreprise inopportune au moment où le travail de maturation serait arrivé à son terme, pourvu toutefois que la maturité ne se fasse point trop attendre. S'il était arrivé qu'on eût trop pressé, on ne tarderait pas à le reconnaître ; car les œufs de la femelle, captive dans l'étroit vivier qui lui sert de prison, se gâteraient bientôt et ne pourraient plus jamais être fécondés.

Si cette opération, qui est moins longue à exécuter qu'à décrire, avait sali l'eau du vase en y faisant tomber les mucosités dont le corps des patientes est englué, il faudrait la renouveler, en ayant la précaution de ne jamais laisser les œufs à sec. D'ailleurs il ne faut pas trop tarder à prendre un mâle, dont on fera tomber la laitance dans le vase qui contient les œufs, par les mêmes moyens et avec les mêmes précautions. « Si cette laitance est à l'état complet de maturité, elle coule abondante, blanche et épaisse comme de la crème, et, dès qu'il en est assez tombé pour que le mélange prenne les apparences du lait très-coupé, on juge que la saturation est suffisante. » On agitera ce mélange, soit avec la main, et c'est là ce qu'on se borne à faire le plus généralement, soit avec la queue du poisson ou avec les barbes d'un pinceau. Après une minute ou deux, on fera écouler l'eau laitancée, et on placera les œufs dans l'appareil à éclosion préparé d'avance.

Tel est le moyen simple avec lequel on peut repeupler nos rivières et nos fleuves, et rappeler à la vie et à l'activité une industrie qui s'éteint. On se fait généralement une fausse idée de la fécondation artificielle, tant qu'on ne l'a pas vu pratiquer ; rien au monde n'est plus facile cependant, et l'homme le moins adroit pourra, à première vue, se mettre à même de pratiquer ces manipulations élémentaires.

La laitance d'un seul mâle peut suffire à la fécondation des œufs d'un très-grand nombre de femelles, pourvu qu'on donne à ce mâle de la nourriture dans un vivier, et qu'on ait soin de l'y enfermer au moment où cette laitance entre en pleine maturité.

Quand une femelle a fourni la quantité d'œufs qu'elle contient, on la livre habituellement à la consommation, ou on la met dans le réservoir d'où on l'a tirée, pour la soumettre plus tard à une opération nouvelle.

La température de l'eau employée est une des circonstances dont il faut se préoccuper le plus dans la pratique des fécondations. Celle qui est la plus favorable est, pour les *poissons d'hiver*, comme la truite, par exemple, de 4° à 8°; pour ceux *de premier printemps*, comme le brochet, de 8° à 10°; pour ceux *de second printemps*, comme la perche, de 14° à 16°; enfin pour les *poissons d'été*, comme le barbeau, la carpe[1], la tanche, de 20° à 25°. Mais à vrai dire, dans la pratique on n'a pas besoin de ces renseignements, car on opère purement et simplement dans l'eau d'où sort le poisson, et ce sont là les meilleures conditions dans lesquelles on puisse se placer.

On a dit que la mise en contact sous eau des œufs et de la laitance doit être autant que possible *simultanée;* que les œufs et la laitance doivent couler *en même temps* dans le même vase, afin d'assurer les rapports fécondateurs, et aussi pour que l'enveloppe des œufs, placés dans le fond du vase, ne puisse pas s'imbiber, se gonfler d'eau, et opposer ainsi un obstacle insurmontable au contact immédiat des spermatozoïdes (animalcules de la laite), contact qui seul peut opérer la fécondation. On a répété sur tous les tons qu'après quelques secondes, les

1. Depuis trois ans, près de Condé (Nord), on se sert pour la carpe, d'eau portée de 20 à 30° par la vapeur perdue d'une usine; d'après M. Bonnier, on a obtenu une fécondité et un développement considérables.

œufs de certains poissons, de la carpe et de la perche, par exemple, se gonflent rapidement dans l'eau; et perdent dans ce court espace de temps leur aptitude à être fécondés. On disait d'après cela que les personnes qui lavent les œufs avant de les employer se placent dans des conditions forcées d'insuccès pour certaines espèces de poissons, et dans des conditions au moins mauvaises pour les autres[1].

La plus grande partie de ces craintes ne sont pas fondées, et les recommandations auxquelles elles donnent lieu sont le plus souvent inutiles, pour certaines espèces du moins. Nous étions plein de ces saintes frayeurs quand nous avons vu faire et fait ensuite nos premières fécondations. Le célèbre Glaser n'y mettait pas tant de précaution : quand il avait au fond de son vase de fer-blanc les œufs de quatre ou six femelles, il prenait un ou deux mâles, faisait couler la laitance dans l'eau, brassait le tout, et recommençait ensuite. Nous nous rappelons qu'alors un des assistants a fait quelques objections, manifesté des craintes, des soupçons. Or, comme ces quelques milliers d'œufs de truites étaient les premiers qui allaient entrer à Huningue, ils furent surveillés avec attention, et tous vinrent à bien dans les proportions ordinaires. C'est celui-là même qui avait douté du succès qui a eu la loyauté et la franchise de nous l'avouer. Sans vouloir critiquer les minutieuses précautions[2] qui sont recommandées dans le travail de la Société d'acclimatation que nous citions plus haut, nous pensons cependant qu'il est bon de prémunir le débutant contre un excès de crainte qui nuirait à ses propres moyens. Voilà pour les prati-

1. M. Quatrefages.

2. Nous en dirons autant du procédé de M. Caron. Passer une ficelle derrière la tête et dans les ouïes pour tenir le sujet suspendu ne nous semble pas préférable à la méthode décrite plus haut.

ques ordinaires. Disons quelques mots maintenant d'une partie de la question qui est loin d'être aussi avancée.

Il est actuellement hors de doute qu'on peut, avec la laitance d'une espèce, féconder les œufs d'une autre, et obtenir par ce *croisement* des métis qui doivent avoir des qualités différentes de celles des espèces dont ils proviennent. Il y a encore tant à faire à ce point de vue, que nous n'en parlons ici que pour mémoire. Il sera curieux de voir où l'expérience conduira ceux qui entreront d'une manière un peu large et pratique dans cette voie nouvelle. « Elle a déjà prononcé, dit M. Coste, pour ce qui concerne le croisement des truites avec les saumons. » Ce savant ajoute que des œufs de truite fécondés avec la laitance du saumon, et expédiés des bords du Rhin, sont éclos dans son laboratoire, et que des œufs de saumon fécondés avec la laitance de truite lui ont également donné des produits.

Appareil à éclosion.

Quand les œufs sont fécondés, pour les faire éclore, on a recours à un appareil dont les formes et les dispositions peuvent varier à l'infini. Prenons cependant un exemple, et choisissons celui du Collége de France. Cet appareil est formé par l'assemblage de canaux parallèles, disposés en gradins de chaque côté d'un canal supérieur et central qui les a[illegible]ente tous. On garnit chacun de ces canaux ou ruisseaux artificiels d'une claie placée environ à deux

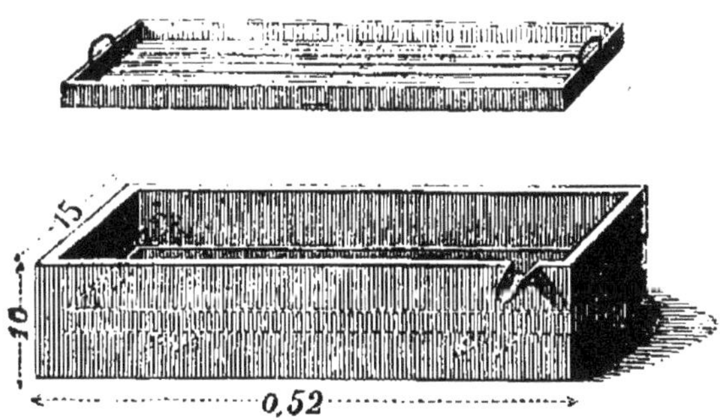

Fig. 2. Rigole en terre cuite du Collége de France avec la claie à fond formé par des baguettes de verre.

ou trois centimètres au-dessous de la surface de l'eau. C'est sur cette claie que sont posés les œufs fécondés. Dans les commencements de ses expériences en grand, M. Coste faisait fabriquer des claies en osier; depuis, il a fait usage d'un treillage formé de baguettes de verre, qu'emploient aussi MM. Pouchet et Caron. Dans ces derniers temps même, les claies en gutta-percha ont été essayées. Nous pensons qu'un petit clayonnage formé de baguettes de verre assez minces et peu espacées est très-favorable à la prospérité des œufs et à l'entretien de la propreté, qui en est une des conditions essentielles.

Avant de décrire dans son ensemble l'appareil du Collége tout monté, nous prendrons à part une des rigoles qui servent à le composer (fig. 4); les dimensions sont indiquées sur notre dessin. La claie en baguettes de verre, avec son encadrement de bois et ses deux petites anses, est figurée sortie de la rigole. Un pointillé indique la place qu'elle doit occuper à l'intérieur, en reposant sur de petites calles ressemblant assez aux faîtières d'une toiture en briques. Dans la pratique, le gonflement du bois suffit le plus souvent pour maintenir la claie à la hauteur voulue : il est bon cependant que cette claie ait un peu de jeu, pour qu'on puisse l'enlever à volonté et facilement.

Ce qu'il y a de plus difficile à obtenir dans la confection de la rigole, c'est la gouttière de décharge, qui devrait être terminée par un petit rebord fait d'un coup de pouce, quand la terre est encore molle, et disposé de façon que l'eau dégoutte bien directement. Sans ces précautions, elle suit les contours du vase : on n'atteint pas son but; on est dans un perpétuel gâchis.

Nous nous sommes aussi servi avec avantage de la rigole en fonte émaillée que représente la fig. 3, et qui réunit à la fois la solidité et la propreté. Une ouverture située au niveau du fond permet de la vider en tout ou en partie, ce que l'on ne peut faire habituellement avec les rigoles en terre[1]. A un des angles supérieurs se

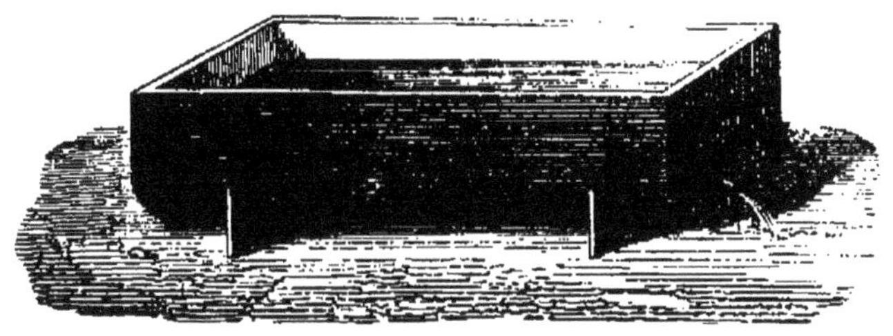

Fig. 3. Rigole en fonte émaillée.

trouve une autre ouverture à travers laquelle on fait passer un tuyau de décharge en plume, en caoutchouc ou en gutta-percha, et l'on obtient ainsi tout ce qu'on veut et tout ce qu'il faut pour construire un appareil convenable et complet. Les premières (en terre) coûtent 5 francs la paire; celles-ci reviennent un peu plus cher.

L'appareil du Collége de France, que nous reproduisons d'après nature (fig. 4), est placé sous un robinet, de manière que le liquide tombe à l'une des extrémités du canal supérieur. Un courant s'établit immédiatement vers l'extrémité opposée, et là, une échancrure latérale lui offrant une issue à droite et à gauche, il se brise en deux chutes d'eau qui vont alimenter les deux canaux situés au-dessous. De nouveaux *courants* se forment dans ces canaux, y marchent en sens inverse du premier, les parcourent dans toute leur longueur, trouvent à leur tour une échancrure qui les précipite dans d'autres canaux inférieurs, et l'eau va ainsi de chute en chute, circulant dans des compartiments qu'on peut multiplier à volonté, et qu'elle transforme en véritables ruisseaux artificiels.

1. Cependant, depuis que nous avons écrit ces lignes, M. Gerbe, l'habile préparateur de M. Coste, nous a informe que, des 5 rigoles composant l'appareil du Collége de France, 14 ont une ouverture située au niveau du fond, ce qui permet de les vider aussi bien que les rigoles en fonte.

Nous avons tenu à conserver la description donnée par M. Coste, parce qu'elle s'applique encore aujourd'hui

Fig. 4. Appareil à éclosion du Collége de France.

très-bien à l'appareil qui a servi cette année avec tant de succès. Primitivement, les rigoles étaient établies en gradins sur l'auge en pierre qu'on voit ici, et qui se trouve également à gauche, en entrant dans le cabinet de service de l'amphithéâtre du professeur; mais, vu le développement des expériences, on a dû les reporter sur une table présentant plus de surface.

On a fait alors venir l'eau par le tuyau extérieur qu'on voit le long du mur. De la rigole centrale et culminante part un petit siphon qui conduit de l'eau de premier jet dans une cuvette en faïence dont le fond est garni de petits cailloux. C'est là qu'on dépose provisoirement les nouveaux venus, qui sont ensuite transportés dans la grande piscine, dont nous parlerons plus loin, et dont nous donnerons le dessin. Les deux grandes rigoles, dont la moitié de la longueur est mesurée par les chiffres 100 et 105 exprimant des centimètres, servent à volonté pour les éclosions de grandes quantités d'œufs, ou pour des jeunes que l'on tient à soigner particulièrement.

L'auge en pierre reçoit toutes les eaux de décharge; son fond est garni de cailloux; on peut donc y mettre beaucoup de sujets d'une espèce abondante, pour le cas où les compartiments de la grande piscine seraient encombrés.

On le voit, dans sa partie essentielle, celle des rigoles[1], cet appareil est de la plus grande simplicité. Tout le monde pourra en avoir un semblable, et l'appliquer aussi bien à une expérience de laboratoire qu'à une grande entreprise. On a pu, dans cette dernière campagne (1854-55), voir au Collége de France près de trois cent mille saumons, truites ou ombres nouvellement éclos ou sur le point d'éclore, reposant sur les claies d'un appareil qui n'a pas tout à fait, au total, un mètre carré de surface!

1. C'est par erreur que dans la fig. 4 on a remplacé le rebord de sortie par un tube courbé; il faut se reporter à la fig. 2 pour avoir une idée exacte de cette partie de chaque pièce dont l'ensemble constitue essentiellement l'appareil que nous représentons.

Soins qu'exigent les œufs pendant l'incubation.

Ce résultat, obtenu dans un espace si restreint, donne l'idée de ce qu'on peut attendre d'une industrie bien organisée. L'expérimentation dans ces conditions a l'avantage de rendre la surveillance extrêmement facile. Sur ces claies placées superficiellement, un gardien ou un amateur quelque peu attentif peut, soit modérer les courants, s'ils sont trop rapides et s'ils entassent et accumulent les œufs dans un coin, soit enlever, avec un pinceau comme ceux dont on se sert pour vernir les chaussures (fig. 5), les corpuscules étrangers qui se fixent sur le clayonnage, et qui pourraient nuire aux jeunes poissons après leur éclosion, soit enfin donner aux œufs, et plus tard aux petits poissons, tous les soins qu'ils réclament : ce sont là des détails très-importants. Mais avant d'aborder ce dernier sujet, un des plus épineux de la pisciculture pratique, disons que la surveillance des œufs n'est pas du tout une petite affaire, qu'elle exige de grands soins, une sollicitude de chaque instant.

Fig. 5. Pinceau à nettoyer.

On se plaît souvent à croire que rien n'est simple comme ce second temps des opérations piscicoles, qu'une fois dans le milieu qui leur convient, les œufs n'ont plus besoin de rien. C'est là une grande erreur. Il faut vingt fois par jour enlever les œufs gâtés, régler les courants, ôter avec minutie tout ce qui peut détruire la pureté de l'eau, en noter la température, qui sera étudiée d'une manière permanente. Il suffit d'*un seul jour* de distraction pour compromettre toute une éclosion.

Nous insistons donc vivement sur ce fait; la quantité d'œufs à surveiller n'y fait rien. Si petite qu'elle soit, il ne faut jamais considérer la chose comme *accessoire;* elle est capitale, au contraire. Si on opère en grand, *il faut un homme spécial;* si on opère en petit et qu'on ne soit pas assuré de rester chez soi pendant toute la durée de l'incubation, *il faut absolument* avoir quelqu'un qui soit d'avance au courant, qui sache manier la pipette, etc.; autrement, au retour d'une absence forcée ou imprévue, on serait exposé à trouver tout compromis. Nous parlons ici par expérience.

Instruments nécessaires au pisciculteur.

En raison de ce qui précède, nous croyons utile de donner quelques détails sur les instruments dont doit se servir le pisciculteur.

La *pince* (fig. 6) avec laquelle on prendra les œufs au besoin ne doit pas être plus forte qu'une pince anatomique ordinaire. Seulement, au lieu d'être dentées ou cannelées, les extrémités porteront chacune une cavité ovoïde qui permettra de toucher l'œuf par plusieurs points à la fois. Sans rien pousser à l'excès, chaque fois qu'on saisit un œuf, il faut toujours se figurer qu'on tient une perle des plus fines et des plus fragiles, et qu'à la moindre pression elle va se casser.

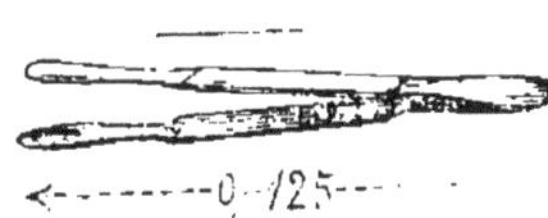

Fig. 6. Pince pour prendre les œufs un à un.

Ceux qui sont habitués à cet exercice de chaque instant se rappelleront que, vers l'époque de l'éclosion surtout, la moindre pression fait crever l'œuf plus tôt qu'il ne le faudrait. Il y a d'ailleurs toujours danger à presser un peu trop fort : on peut ainsi faire périr l'embryon.

Quand on voudra prendre des œufs en quantité un peu notable pour les transporter dans un endroit ou dans un autre, on se munira de la petite pelle criblée que voici (fig. 7) : elle abrégera de beaucoup l'opération, qui serait très-longue avec la pince seule; c'est un diminutif

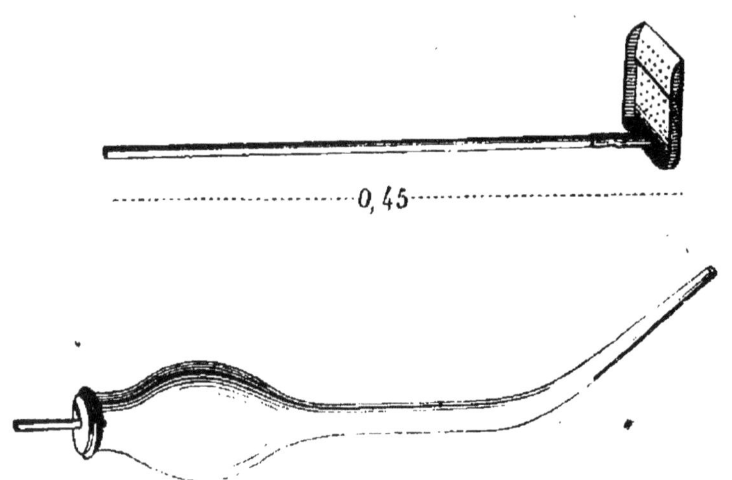

Fig. 7. 1° Pelle criblée pour prendre un certain nombre d'œufs à la fois.
2° Pipette courbe sortie de l'eau.

de celle dont les bateliers se servent pour tirer le sable. On en fait usage de la même manière, à la délicatesse des mouvements près. Le manche est en bois, et la pelle en plomb mince troué comme le fond d'une passoire. Chacun peut construire cette pelle soi-même.

On devra toujours avoir à sa portée plusieurs *pipettes*, une droite et une courbe, tout au moins.

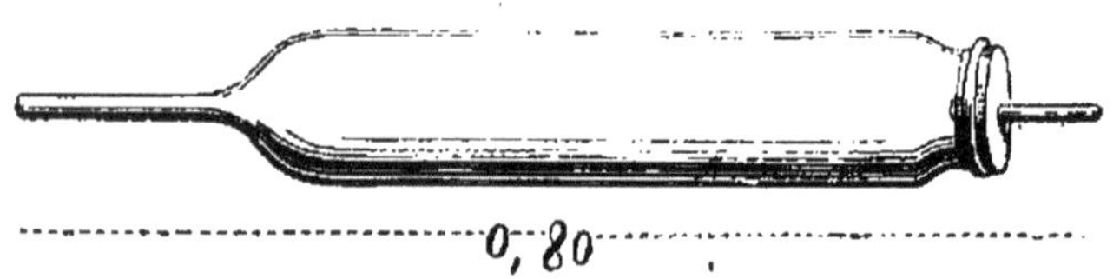

Fig. 8. Pipette droite.

La première (fig. 8) sert à nettoyer le fond des rigoles, à y rechercher les œufs tombés, ou les jeunes qui auraient passé à travers les claies.

Les formes que nous donnons ici sont loin d'être rigoureuses. En cas de presse ou d'accident, chacun peut faire une pipette. Voici, par exemple, comment il nous est arrivé de procéder :

Nous avons pris un verre à quinquet, nous y avons ajusté un fort bouchon à chaque bout; avec un fer rouge nous avons percé chacun de ces bouchons en son milieu, et nous y avons fait entrer deux tubes de verre. Nous avions ainsi une pipette improvisée.

Fig. 9. Pipette courbe plongée dans l'eau, vue au moment de la levée du pouce.

Maintenant, rien n'est plus facile que de se servir de ce petit piége, qu'il soit droit ou courbe : on saisit solidement avec les quatre doigts et l'avant de la paume de la main droite une des extrémités, la plus longue; on applique fortement le pouce sur l'ouverture la plus rapprochée, et on introduit l'autre extrémité dans l'eau, en dirigeant le tube opposé vers l'objet ou les objets qu'on veut saisir.

Quand on est bien en place, on lève le pouce : c'est là le temps que représente la fig. 9. Aussitôt ce dont on veut s'emparer est entraîné dans la partie renflée, et semble s'y précipiter; on bouche alors de nouveau avec le pouce, et on retire de l'eau contenant et contenu.

La pipette courbe sert particulièrement pour de grandes pêches de corps étrangers, d'œufs ou de jeunes poissons, soit pour faire quelque observation, soit pour nettoyer l'appareil à éclosion, soit pour tout autre motif.

On trouve chez tous les verriers des corps de pipettes courbes plus ou moins analogues à celles que représentent nos fig. 7 et 9. Cette dernière permet d'apprécier la simplicité de la construction : un large bouchon ferme l'orifice le plus grand; un tube ordinaire traverse ce bouchon, voilà tout. Il y a cependant quelques petites attentions à avoir : il faut, par exemple, que le petit tube entre un peu de force dans le bouchon; sinon, en appuyant il enfoncerait, ferait hernie à l'intérieur, et quand ensuite on voudrait rendre les objets pris, ils resteraient sur la face interne du bouchon. Il importe donc que le tube effleure seulement sans jamais ressortir; mieux vaudrait, au contraire, qu'il fût un peu rentré : il formerait alors queue d'entonnoir.

Tous ces petits instruments, d'une utilité incontestable, et qui rendent les manipulations tellement faciles qu'on en fait souvent un jeu, ont été introduits au Collége de France par M. Coste, et depuis se sont répandus partout chez les pisciculteurs.

CHAPITRE IV.

ÉLEVAGE DES JEUNES POISSONS.

Cause de mortalité pour les jeunes poissons ; moyens d'y remédier.

La présence dans l'eau des bassins de corpuscules qui, après avoir flotté dans l'air[1], tombent et se rassemblent au fond, se joignant aux débris de nourriture et aux filaments de végétaux microscopiques, devient la principale cause de mortalité des jeunes poissons. Ceux qui ne périssent pas par vice de conformation ou par accident sont étouffés par ces flocons de détritus de matières organiques; leurs organes respiratoires, si frêles encore, sont obstrués : ils succombent par *asphyxie*. M. Pouchet, de Rouen, dans un mémoire sur l'hygiène et l'alimentation des poissons nouvellement éclos, établit parfaitement ce fait, et ses observations sont presque en tout point conformes à celles que nous avons personnellement faites à Versailles dans notre laboratoire de pisciculture.

Le moyen de porter un remède infaillible à ce mal, c'est d'employer, comme nous l'avons dit, des ruisseaux artificiels *à double fond*, c'est-à-dire des rigoles présentant à l'intérieur des châssis dont le fond est une claie en baguettes de verre espacées entre elles de deux

1 On se rend parfaitement compte de la justesse de cette observation quand un rayon solaire traverse une chambre quelconque. La quantité de petits corps impalpables qu'on y voit à l'œil nu est innombrable.

millimètres au plus. Cette claie, qui est en quelque sorte suspendue dans l'eau, a pour effet de livrer passage aux corpuscules qui tombent et aux parcelles de nourriture qui échappent aux jeunes poissons. A l'aide de ce moyen, M. Pouchet a pu élever deux cents jeunes saumons pendant deux mois sans en perdre un seul. On peut remplacer ces baguettes de verre par des claies de tulle ou de canevas préparés, ou de toiles métalliques galvanisées que l'on recouvre, si l'on veut, de vernis ou de peinture.

Dans les eaux naturelles, très-pures et très-filtrées, on peut employer, comme on le fait depuis longtemps à l'établissement d'Huningue, des appareils consistant en châssis métalliques ou en tamis doubles, plus ou moins immergés dans l'eau. Ils offrent l'avantage, suivant M. Millet, qui en fait aussi un usage habituel, d'être légers, solides, peu coûteux, faciles à manier, et de pouvoir être employés pour la fécondation et le transport des œufs, pour l'incubation et l'éclosion, pour la conservation, l'élevage et le transport des jeunes poissons et pour leur dissémination[1]. Mais, nous le répétons, on ne peut se servir de ces appareils, consistant en châssis, en tamis doubles, etc., que dans des eaux très-pures. Dans les eaux sédimenteuses, ils ont les plus graves inconvénients : le limon pénètre dans les mailles des tissus, les obstrue, rend l'appareil imperméable, et amène assez souvent la perte des œufs. Dans les eaux de cette nature, et dans toutes les eaux en général, il sera plus prudent et plus sûr de faire usage de la boîte à éclosion que M. Coste a fait exécuter, et qui permet d'opérer en pleine rivière avec autant de sécurité que dans un laboratoire.

Cette caisse, dont nous donnons ici la figure, est allongée; la longueur et la largeur, que nous indiquons

1. *Bulletin de la Société d'acclimatation*. Février 1855.

également, peuvent varier selon les besoins; elle est garnie de toiles métalliques sur toutes ses faces, excepté sur la face inférieure et sur celles qui forment les côtés longs. L'une de ses extrémités est munie d'une porte; à sa face supérieure est un couvercle coupé en deux, qui permet d'ouvrir ou de fermer la caisse plus ou moins, selon que cela est nécessaire. Des claies en verre, reposant sur des tasseaux cloués le long des parois intérieures et pouvant

Fig. 10. Boite à éclosion de Jacobi, perfectionnée par M. Coste.

s'enlever à volonté, sont placées horizontalement dans la boîte. Les œufs sont déposés sur les claies.

Au moyen de cette caisse, qui n'est, comme on le voit, que celle de dom Pinchon ou de Jacobi perfectionnée, on pourra entretenir les œufs dans la plus grande propreté et leur donner les soins qu'ils réclament, sans les endommager ou les détruire par les secousses que produit le nettoyage ordinaire. Cet appareil est exempt des inconvénients reprochés au tamis, qu'il est souvent difficile d'ouvrir ou de refermer, à cause de la dilatation du bois baigné dans l'eau. Nous en conseillons donc l'emploi aux amateurs de pisciculture.

Cette description et la figure que nous venons de donner suffisent, nous le pensons, pour faire assez comprendre les dispositions de cette caisse et pour que chacun puisse en faire construire une pareille, si on a pu apprécier les avantages qu'elle présente. On pourra d'ailleurs en faire une étude plus complète au Palais de l'Industrie, où elle est exposée. On la trouvera très-facilement, si on veut bien noter qu'elle est dans l'Annexe, entre les deux piliers 54 D 55 D, qui sont immédiatement sur la gauche quand on descend l'escalier de communication du Panorama.

Quand, au lieu d'opérer en grand comme on peut le faire avec cette caisse, dont s'est déjà servi avec satisfaction M. Lamy, on n'a affaire au contraire qu'à un petit appareil de laboratoire, on peut combattre efficacement la cause de mortalité dont nous parlions tout à l'heure, d'une part en *couvrant* les appareils, et d'autre part en faisant passer l'eau à travers un lit composé de gravier, de sable et de charbon.

En couvrant l'eau, on évite cette multitude infinie de corpuscules qui flottent dans l'air, et en la filtrant on isole un grand nombre des matières étrangères qu'elle charrie. Il n'y a aucun inconvénient à couvrir l'eau; car la *lumière*, loin d'être nécessaire aux saumons, aux truites, aux ombres, etc., du premier âge, leur est souvent nuisible. Plus tard, quand le poisson avance en âge, il est toujours facile de ménager sur le couvercle quelques ouvertures pour laisser pénétrer la lumière; il redoute moins alors les matières étrangères qui tombent dans l'eau.

Nourriture des jeunes poissons.

Quand la vésicule ombilicale a disparu, il devient nécessaire de pourvoir à la nourriture des jeunes poissons; on entre alors dans ce qu'on pourrait appeler la période du *sevrage*.

Nous donnons ici (fig. 11), afin de bien préciser, les figures représentant de jeunes saumons venant de naître,

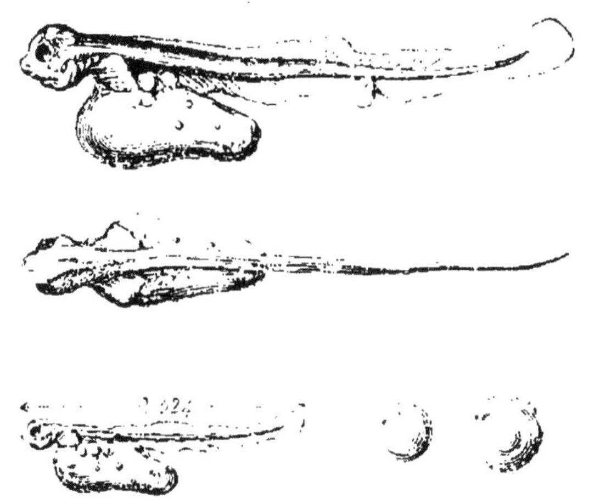

Fig. 11. 1° Saumon d'un jour vu de profil, grossissement double.
2° Saumon d'un jour vu à vol d'oiseau, grossissement double.
3° Jeune saumon. OEuf de truite. OEuf de saumon, grosseur naturelle.

dont un, celui du bas, est de grosseur naturelle; les autres sont grossis deux fois. La vésicule ombilicale, qui se distingue parfaitement, contient tout ce qu'il faut à l'entretien alimentaire des premières semaines.

Les petits globules qu'on voit çà et là sont exclusivement formés par l'huile colorante qui donnera plus tard à la chair du saumon la couleur jaune safranée que chacun connaît.

Dans la fig. 12, nous représentons, avec un grossissement double, une truite au moment où elle arrive à l'état le plus intéressant à étudier, celui où elle a perdu toute trace de vésicule, et où elle va chercher pour la première fois à manger.

Blotti sous les cailloux, qui sont pour lui de véritables rochers, ou entre les végétaux aquatiques qu'on aura soin de mettre dans les bassins, le jeune poisson, commençant à sentir le besoin de nourriture, guette sa proie au passage, s'élance sur elle comme un trait, et l'avale d'un seul coup. Il est donc essentiel de choisir un

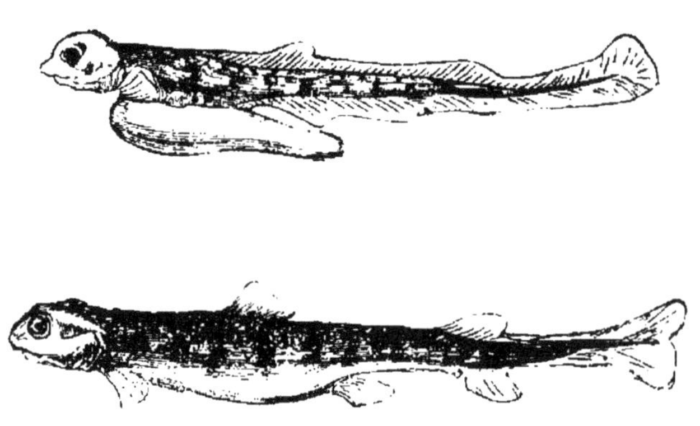

Fig. 12. 1° Truite grossie deux fois, ayant encore sa vésicule.
2° La même grossie également, venant de perdre sa vésicule.

aliment qui soit en rapport avec la nature et les besoins de l'espèce qu'on élève, et de veiller toujours à ce que les fragments d'aliments qu'on jette aux poissons soient appropriés à leur taille et à leur appareil buccal.

Mais, nous le répétons, au moment seulement où disparaît la vésicule ombilicale ou abdominale, s'annonce le terme de cette diète rigoureuse que les jeunes poissons gardent après leur éclosion. Comme l'a fort bien remarqué M. Coste, la faim ne s'éveille chez eux qu'après que les éléments nutritifs contenus dans la vésicule ont été absorbés; tant qu'elle peut suffire à leur alimentation, ils refusent toute nourriture. Et d'ailleurs, comment leur serait-il possible de s'assimiler les aliments, alors que leur intestin ne pourrait, à cause de sa délicatesse, ni les recevoir ni les digérer? Le brochet lui-même, l'un des poissons les plus voraces, n'échappe pas à cette loi; et M. Coste a observé des individus de cette espèce qui, éclos depuis vingt jours, avaient encore des traces de leur vésicule ombilicale et ne cherchaient nullement à manger.

Comme Jacobi, M. Coste a vu que la truite ne commence à manger que vers la fin de la quatrième semaine, et que le saumon ne cherche sa pâture que six semaines après sa naissance. Le moment de la disparition de la vésicule ombilicale est différent suivant les espèces; mais, nous le répétons, c'est *toujours* au temps de cette disparition qu'il convient de commencer à nourrir les jeunes poissons, si on veut les garder en chartre privée.

Selon certains pisciculteurs praticiens, dès que la vésicule nourricière aura disparu, il faudra mettre en liberté les petits poissons, en ayant soin que les eaux dans lesquelles on les lâchera ne renferment point d'espèces carnivores dont ils deviendraient certainement la pâture. Ils pensent qu'en les nourrissant on arrive à paralyser ou tout au moins à atténuer chez eux l'instinct de l'alimentation et de la conservation. Nous sommes très-disposé à admettre cette opinion : 1° parce qu'elle se rapproche le plus de ce qui se passe dans la nature; 2° parce qu'elle supprime une des pratiques les plus difficiles de la pisciculture, et conduit plus directement et plus sûrement au but final qu'on se propose.

Nous ne craignons pas de déclarer qu'à notre avis, et à quelques modifications près que nous signalons plus bas, c'est là le seul moyen sur lequel on puisse compter pour faire du repeuplement en grand. Néanmoins, pour des cas exceptionnels, quand les milieux ne sont pas prêts ou sont hors de portée, ou bien quand on veut se donner la satisfaction d'étudier un peu plus longtemps cette intéressante question, quand enfin on n'est pas certain que l'endroit où on met les jeunes est suffisamment pourvu de tout ce qu'il leur faut, nous conseillerons de leur donner des aliments jusqu'à ce qu'ils soient *assez forts* pour pourvoir eux-mêmes à leur défense et à la recherche d'une nourriture plus difficile à se procurer que dans les milieux qui leur sont propres.

Cette dernière opinion semble avoir prévalu en Angleterre. L'*Association* des propriétaires de la rivière du Tay *pour la propagation du saumon* a fait creuser, sur les bords de ce fleuve, un bassin où elle a *aleviné*, en suivant la méthode du Collége de France, 200000 saumons qu'elle y a conservés pendant une année entière, et qui viennent d'être mis en liberté alors qu'ils avaient déjà plus de six pouces anglais de long (13 centimètres). Nous avons vu, dans le laboratoire de M. Coste, un plan du bassin dont il s'agit, et des échantillons des saumons élevés artificiellement dans ce bassin, plan et échantillons qui lui ont été transmis par lord Gray, l'un des principaux actionnaires de l'Association. Nous y avons également lu tous les documents imprimés ou manuscrits qui se rapportent à cette belle et grande expérience d'économie publique, bien entendue et réellement profitable.

A quoi seraient bonnes, en effet, les pratiques de la fécondation artificielle, si vous rejetiez imprudemment, faibles et chétifs encore, ces jeunes poissons obtenus par tant de soins? Ils deviendraient la proie facile des espèces carnivores plus fortes qu'eux, avec lesquelles, par caprice ou par convenance, vous auriez voulu les contraindre de vivre. Continuez bien plutôt à veiller sur ces poissons que vous avez fait naître, voyez-les croître et se développer sous vos yeux, et ne les abandonnez à la liberté dangereuse des grandes eaux que quand ils seront assez forts pour éviter les embuscades, pour échapper aux dangers, et pour attaquer eux-mêmes les espèces que la Providence leur livre en pâture. Non-seulement, dit M. Coste, en soumettant les poissons à la stabulation, on empêche les espèces carnassières de s'entre-détruire, mais on leur fait acquérir en peu de temps une taille et des qualités supérieures à celles qu'elles auraient eues, si on les avait abandonnées aux seules ressources que peuvent leur offrir les milieux où elles vont vivre.

Du reste, quand on veut étudier et pousser les choses plus loin, les moyens d'alimentation deviennent d'autant plus faciles que les poissons que l'on élève sont plus âgés. Ainsi, à des salmones d'un an on peut fournir sans trop de peine et en abondance des têtards de grenouilles, du fretin de poissons blancs, etc. Ceux d'un âge plus avancé s'accommodent très-bien des débris de cuisine, et de toute espèce de chair provenant d'animaux domestiques. L'élevage de ces poissons n'offre d'ailleurs aucune difficulté sérieuse; on peut en avoir des milliers dans des espaces très-restreints, et les bassins du Collége de France sont là pour prouver que ces espèces prennent en peu de temps de remarquables développements. Nous pouvons assurer, pour l'avoir constaté bien des fois, qu'indépendamment de la quantité prodigieuse d'alevin que ces bassins renferment ou ont renfermé peu avant l'empoissonnement des eaux du bois de Boulogne, par exemple, on voit toujours, dans un compartiment spécial, des truites et des saumons qui, sous l'influence d'un régime artificiel (chair musculaire pilée, fraîche ou après dessiccation, vers de terre, fromage blanc), ont atteint, au bout de deux ans, 34 centimètres de long, et ont acquis un poids de plus d'un demi-kilogramme.

Choix des aliments.

Le choix des aliments que le pisciculteur offrira à ses jeunes élèves n'est pas indifférent. En premier lieu, nous recommanderons les *proies vivantes*, que M. Coste considère comme l'un des moyens d'alimentation les plus convenables et les plus en rapport avec ce qui se passe dans la nature. C'est d'ailleurs un procédé simple et facile : il consiste à féconder artificiellement des œufs de poissons blancs et de peu de valeur, et à les faire éclore dans un appareil à part, pour les jeter ensuite aux poissons qu'on nourrit, ou encore dans l'appareil même où se trouvent les élèves auxquels on les destine.

D'autres proies vivantes, que les petits saumons et les truites goûtent beaucoup, sont les crustacés presque microscopiques des genres cythère, cypris et cyclops; on les rencontre abondamment, au printemps surtout, dans toutes les eaux stagnantes.

Enfin les très-petits vers de terre, nés nouvellement, sont aussi recherchés avidement par les saumoneaux et les jeunes truites; mais cet aliment ne peut entrer dans leur régime que comme variété de nourriture, car il n'est guère facile de le leur procurer en abondance.

On peut employer encore la chair de poisson bien broyée. MM. Berthot et Detzem ont donné cet aliment à leurs élèves des rigoles d'Huningue. La chair de poisson doit être un bon aliment pour les jeunes truites et les saumoneaux; mais elle coûte beaucoup plus que la viande des animaux abattus, sur laquelle les poissons se portent avec une égale avidité. Cette chair, cuite ou crue, est l'une des meilleures nourritures qu'on puisse leur donner. Rien de plus facile d'ailleurs que de les nourrir avec de la chair musculaire de bœuf, à laquelle on donne, en la broyant ou en la coupant, une ténuité proportionnée à la petitesse des animaux que l'on veut élever. Avec cet aliment, M. Coste a pu nourrir convenablement et à peu de frais et faire grandir cette année 200 000 saumoneaux, truites ou ombres-chevaliers à la fois, dans un espace de 8 mètres de superficie sur 50 centimètres de profondeur !

Si on trouve que la viande de bœuf coûte trop cher, on pourra la remplacer par la viande de cheval cuite ou crue, séchée et pulvérisée.

On voit qu'il est facile de nourrir les poissons, et des exemples nombreux prouvent qu'ils se font très-bien au régime de la stabulation. « J'ai alimenté parfaitement mes jeunes poissons, dit M. Pouchet parlant de ses saumoneaux, avec du bœuf bouilli, avec du mouton grillé, avec du veau, et, lorsqu'à ma cuisine on oubliait de mettre de côté quelque nourriture pour mes élèves, on achetait du *jambon*, et ceux-ci le mangeaient sans en perdre une bouchée; c'était pour eux un festin d'apparat. » Ajoutons que M. Pouchet avait soin de diviser sa viande en morceaux ténus, qu'il faisait passer ensuite à travers deux tamis, pour la faire tomber comme une véritable poussière, et non en gros morceaux, que les poissons auraient dédaignés, et qui ensuite n'auraient plus été propres qu'à altérer l'eau.

C'est à tort, suivant nous, que l'on a préconisé le *frai de grenouilles* pour la nourriture des jeunes poissons. Ils ne s'attaquent jamais à une masse semblable, leur appareil buccal n'étant pas fait pour dépecer une proie quelconque. Il leur faut des bouchées toutes formées. M. Coste, qui, le premier, a fait des observations analogues et des expériences pour constater le fait, ainsi que M. Pouchet, qui les a répétées, sont d'accord avec nous sur ce point. Quant aux têtards, ils ne conviennent qu'aux sujets déjà forts, aux poissons de huit à dix mois et plus.

M. Millet a contesté les assertions de M. Pouchet relativement aux têtards. Nous devons déclarer cependant que nos expériences ont confirmé ce qu'en a dit ce dernier. En 1854, nous avions des jeunes de première venue; les œufs nous avaient été donnés par le Collége de France d'abord, et par M. Millet lui-même ensuite. Nous avions recueilli du frai de grenouilles dans la pièce d'eau des Suisses et dans le canal du parc de Versailles, où on en trouve de très-bonne heure. Nos truites et nos saumons étaient déjà assez forts quand les têtards sont sortis de leur enveloppe gélatineuse; aucun d'eux n'a été attaqué. Nous avons constaté ce fait avec beaucoup de soin et d'attention, et nous l'avons fait vérifier bien des fois à nos amis ou aux visiteurs.

Nous pensons donc que, si le frai de grenouilles peut servir, ce ne peut être que pour des truitelles ou des saumoneaux de l'année précédente.

Quant aux insectes, aux crevettes, aux coquillages aquatiques, tels que lymnées, planorbes, etc., nous en avions mis également dans nos rigoles d'après les conseils de M. Millet, et nous nous en sommes bien trouvé, de ces derniers surtout. Nous avons parfaitement remarqué que les petits êtres sortis du frai gélatineux que ces coquillages déposaient étaient très-courus par nos jeunes les plus forts et immédiatement engloutis. Les plus faibles n'y touchaient pas.

Nous ne terminerons pas sans indiquer un petit procédé que nous avons imaginé pour la distribution des aliments, afin de nous affranchir un peu de la véritable servitude dans laquelle on se trouve quand on veut nourrir à discrétion. Le poisson, avons-nous déjà dit, veut une proie flottante : il faut donc à chaque instant du jour lui en offrir, et c'est là une obligation très-gênante. Après avoir essayé, sans grand succès, de placer des boulettes de chair hachée au bout d'un bâton, nous avons eu recours, à notre grande satisfaction, au procédé que voici : nous avons acheté de ces petits ballons de verre dont on se sert habituellement pour suspendre des sujets en émail dans une carafe, un globe ou tout autre vase; nous avons mis à la place de ces sujets une petite augette en toile métallique galvanisée, que nous avons suspendue sous le ballon avec quatre fils de soie partant des angles et se réunissant à l'anneau qui termine ce genre d'ampoules.

Dans chaque augette nous avons mis de la viande cuite ou crue préalablement bien hachée et pilée dans un mortier; appuyant avec le pouce, nous lui avons fait faire *hernie* à travers chaque maille de la toile; nous avons alors placé notre appareil dans l'eau, et nous avons constaté que les poissons en moins de deux jours se sont très-bien habitués à venir prendre ces bouchées toutes préparées. D'autres restaient constamment aux aguets, et, quand l'une d'elles se détachait par suite de son séjour dans l'eau, elle était promptement *gobée* au passage.

A partir de cette époque, nous n'avons pas suivi d'autre méthode; nos bassins ont été garnis de ces petites flottilles, et tous nos soins ont été limités ainsi à un renouvellement purement quotidien. Nous recommandons vivement ce procédé aux praticiens; nous l'avons montré, alors qu'il était en pleine activité, à M. Coste, à M. Chabot et à plusieurs autres personnes, qui en ont reconnu et la simplicité et la très-grande commodité.

CHAPITRE V.

LA PISCINE DU COLLÉGE DE FRANCE ET L'ÉTABLISSEMENT DE M. DE TOCQUEVILLE.

Piscine du Collége de France.

L'expérience que peut donner une pratique de plusieurs années étant ce qu'il y a de plus sûr à consulter, nous avons cru devoir nous étendre un peu longuement sur la piscine du Collége de France, afin de guider les amateurs qui voudraient en faire construire de pareilles ou d'analogues. Comme elle a déjà servi à l'élevage de plusieurs milliers de sujets, nous avons pensé que nous ne pouvions pas choisir un meilleur modèle.

Les fig. 13 et 15 donnent une idée très-exacte de l'ensemble et des dispositions économiques de ce bassin à

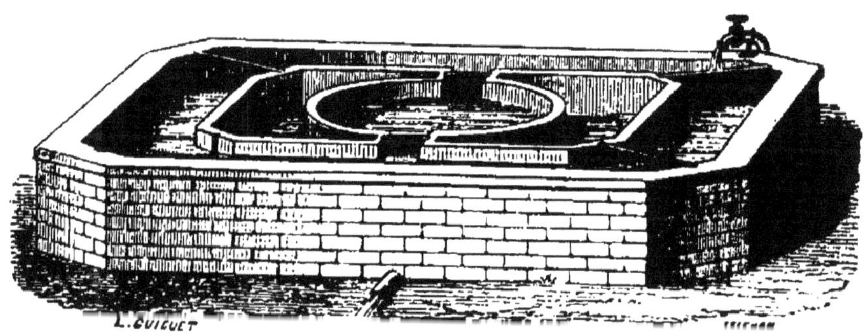

Fig. 13. Piscine du Collége de France, vue en perspective.

compartiments multiples, indispensables pour la commodité de l'alevinage et des études. La maçonnerie est faite en brique et recouverte partout à l'intérieur d'un excellent ciment romain, qui ne s'est pas dégradé une seule fois encore.

Les dispositions intérieures sont telles qu'on peut avoir à volonté sept compartiments :

1° Quatre de pourtour ;

2° Deux intermédiaires ;

3° Et un médian.

Au besoin, on pourrait couper ceux du pourtour en deux, ce qui donnerait un total de onze.

L'eau arrive par un robinet unique qui alimente tout le bassin, attendu que chaque cloison est grillée, comme on le voit très-bien dans les fig. 13, 15 et 16. Ces cloisons entrent dans de simples coulisses ménagées dans l'épaisseur des parois, en sorte qu'il n'y a rien de plus facile que de réunir un compartiment quelconque avec un ou plusieurs des compartiments voisins. C'est ce qui avait eu lieu quand on a pris le dessin de notre fig. 13, où l'on voit que la cloison de gauche a été enlevée pour faire un seul compartiment en quasi-retour d'équerre avec la plus petite face de gauche et celle qui se trouve immédiatement sous l'œil du lecteur, par où a lieu la sortie des eaux.

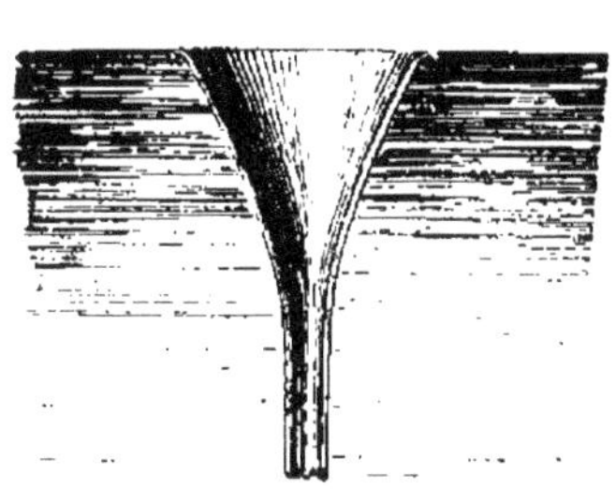

Fig. 14. Partie supérieure d'un tuyau de décharge des eaux dans lesquelles vivent des jeunes. (Moyen excellent pour les empêcher de sortir tout en laissant à l'eau l'écoulement nécessaire pour qu'elle puisse se renouveler d'une manière constante.)

Au lieu d'être placée comme d'habitude à la partie la plus déclive, cette décharge est située, au contraire, à la surface de l'eau, dont elle reçoit le trop-plein par sa partie supérieure, évasée en entonnoir. Cette disposition, dont nous donnons le détail par notre fig. 14, permet la sortie d'un certain volume d'eau, la surface des points d'entrée étant ainsi agrandie, tout en amincissant tellement la nappe de sortie qu'il est à peu près impossible qu'un poisson, si jeune qu'il soit, puisse être entraîné avec elle. Cette nappe est d'ailleurs bien moins rapide que si la décharge était au fond du bassin ; car alors la vitesse du filet de sortie serait augmentée de tout le poids du liquide ambiant et supérieur agissant sur un petit orifice.

Dans quelques circonstances, et par surcroît de précaution, on peut terminer ce tube infundibuliforme soit en pomme d'arrosoir, soit en le couvrant simplement d'une toile métallique.

Cette modification en impliquait une autre qui devait naturellement en être la conséquence. Afin d'être assuré

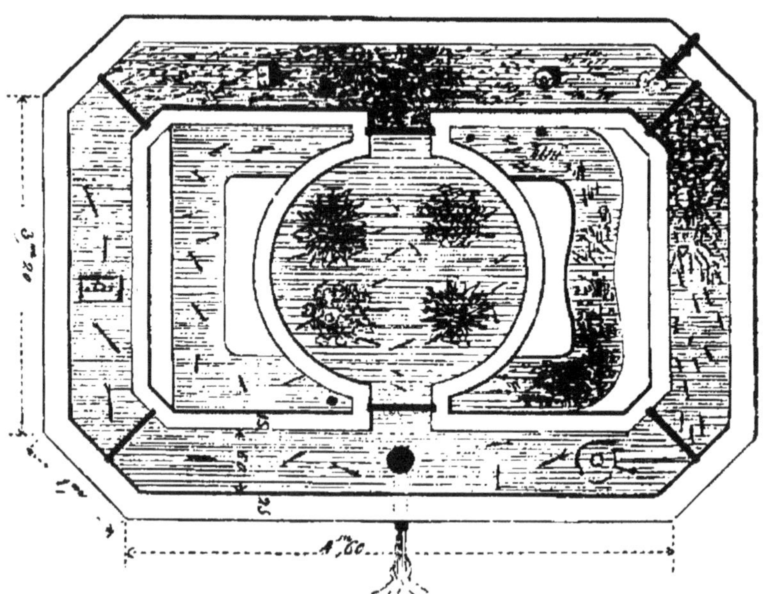

Fig. 15. Piscine du Collége de France, vue à vol d'oiseau.

que l'eau se mélange bien et que les courants s'établissent mieux que si l'arrivée et la sortie se faisaient sur un même plan, on a placé un tuyau de conduite à la gueule du robinet qu'on voit sur la droite dans nos deux fig. 13 et 15, et sur la gauche dans notre fig. 16. De cette façon, l'eau arrive par le bas, et il faut que tôt ou tard elle remonte, après avoir circulé par un des côtés ou même dans le milieu du bassin, pour sortir par l'entonnoir de décharge. On a ainsi un double courant, de l'entrée à la sortie et de bas en haut à la fois.

Notre fig. 15 fait voir d'un seul coup d'œil toutes les dispositions intérieures, en sus des divisions dont nous venons de parler.

Faisons le tour en prenant pour point de départ le robinet au loin sur la droite. Tout près sur la gauche, on voit la place d'un abri circulaire en terre cuite; un petit amas de cailloux; un abri rectangulaire, puis un autre au milieu du compartiment latéral de gauche; le point de sortie, un autre abri circulaire, et enfin un second petit amas de cailloux.

Dans le bassin circulaire du milieu, on remarque quatre touffes de plantes aquatiques qui servent d'abri et jouent de plus un rôle important pour ce qu'on pourrait appeler la vivification de l'eau.

Enfin, dans le bassin intermédiaire de droite, se trouvent d'autres cailloux. Rien de tout cela, bien entendu, n'est obligatoire plutôt ici que là, pas plus que les mesures de longueur que nous avons exprimées en chiffres, uniquement pour donner une idée exacte d'une piscine qui, après tout, appartient à bon droit à l'histoire de notre sujet.

Revenons maintenant sur quelques détails que nous avons tenu à faire reproduire par le dessin.

La fig. 16 donne une idée très-fidèle de l'ensemble d'un milieu bien organisé, dans lequel on veut placer des jeunes. Le dessin a été fait d'après nature, alors que les bassins du Collége de France étaient littéralement encombrés, peu avant l'empoissonnement des pièces d'eau du bois de Boulogne, dont tout le monde a entendu parler.

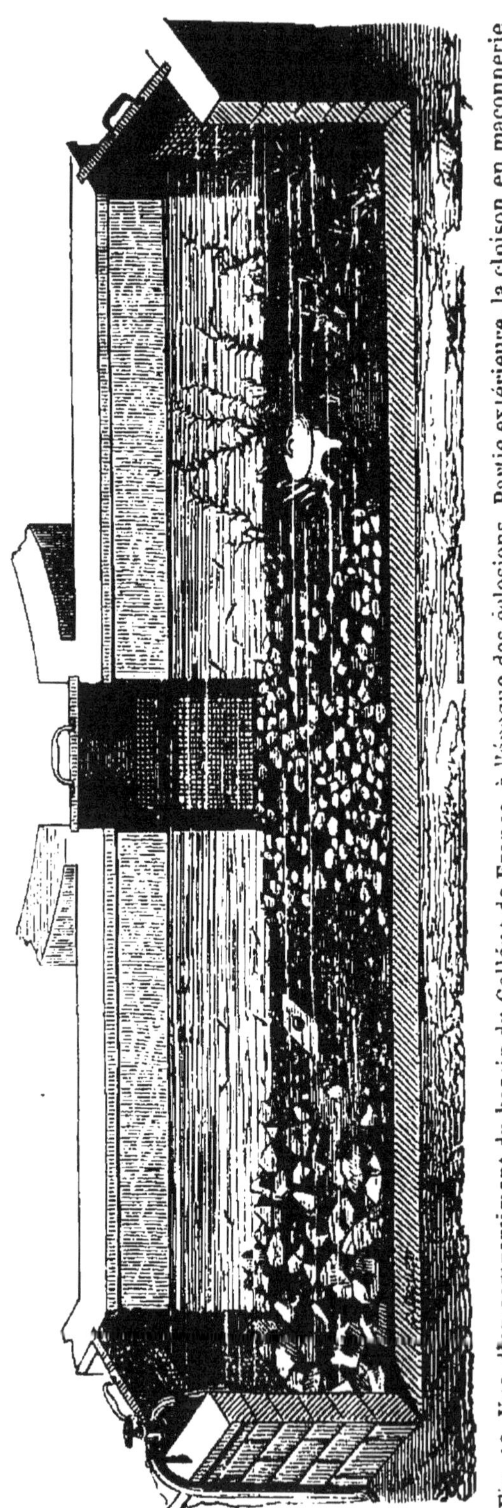

Fig. 16. Vue d'un compartiment du bassin du Collége de France, à l'époque des éclosions. Partie extérieure, la cloison en maçonnerie cimentée étant supposée coupée et enlevée.

Rien n'y manque, comme on le voit : cailloux, dans les interstices desquels on remarque des nuées d'alevin formant des taches noires, plantes aquatiques, abris en terre cuite, etc.

Nous donnons le détail de ces derniers dans notre fig. 17. La forme n'y fait rien, bien entendu. L'essentiel, c'est qu'il y ait des ouvertures de passage dont la grandeur soit calculée approximativement de façon qu'il reste toujours des parties sombres en dedans.

Si l'on ne tient pas à faire des études minutieuses et qu'on ne songe qu'au bien-être général de ses élèves, l'abri rectangulaire d'une seule pièce suffira. On pourra même très-bien le remplacer par n'importe quel vase renversé, dont les bords libres seraient ébréchés çà et là.

Fig. 17. Abris en terre cuite pour les jeunes.

Si on veut faire des observations suivies, l'abri rond ou tout autre analogue sera indispensable, pourvu que le couvercle puisse s'enlever à volonté. On verra alors combien l'alevin aime à se réunir dans ces petites cavernes artificielles. Nous en avons vu parfois des couches de cinq à huit centimètres d'épaisseur. Les gros sujets y viennent aussi.

Fig. 18. Coupe du bassin circulaire et central de la piscine du Collége de France.

Notre figure 18 donne une idée très-exacte de l'intérieur du bassin circulaire central, à l'aide d'une coupe supposée faite en travers. C'est là qu'on laisse et que se tiennent de préférence les sujets d'un certain âge. Au moment où nous écrivons, il y a une truite et un saumon de deux ans, nés et élevés au Collége de France, qui n'ont pas moins de vingt à trente centimètres de long[1].

Pisciculture pratique de M. le baron de Tocqueville.

A côté de la description de la piscine du Collége de France, nous placerons celle de la pisciculture pratique de M. de Tocqueville. Cette description, tout en faisant connaître les travaux de M. de Tocqueville, servira en même temps d'enseignement et d'exemple aux praticiens; elle leur montrera quels *milieux* sont favorables à l'élève du poisson, et quels moyens il convient d'employer pour arriver à des résultats satisfaisants.

M. le préfet de l'Oise, qui, en plaçant l'établissement de M. Caron, de Beauvais, sous le patronage officiel et effectif du département, s'était déjà fait remarquer par son zèle pour la cause piscicole, a chargé tout dernièrement une commission spéciale de visiter l'établissement de M. de Tocqueville. Un rapport a été rédigé, et c'est dans ce rapport que nous puisons les éléments de l'exposé qui va suivre.

C'est à Baugy que M. de Tocqueville a créé son établissement, dans sa propriété située dans la *vallée d'Aronde*, et qui s'étend d'un côté jusqu'à la rivière de ce nom sur la rive droite, et de l'autre jusqu'aux montagnes crayeuses qui bordent la vallée. Des sources jaillissent naturellement du sol et engendrent des canaux et des bassins d'eau vive. Une partie de ces eaux coule sur le sol, l'autre est stagnante.

Cette différence donne déjà deux sortes de milieux pour toutes les expériences. Des fossés, creusés plus loin dans

1. Ces poissons ont aujourd'hui, l'un 34 et l'autre 36 centimètres.

la tourbe, remplis par les égouttements du sol et par l'Aronde, qui fournit aussi une certaine quantité d'eau amenée dans la prairie par un aqueduc en bois de cent mètres, offrent encore deux conditions nouvelles à l'élevage des poissons.

Ainsi M. de Tocqueville possède pour ses essais *quatre* milieux tout à fait différents, savoir :

Des *eaux de source* courantes ;

Des eaux de source stagnantes ;

Des *eaux stagnantes* provenant du suintement des terres ;

Enfin les *eaux de la rivière* d'Aronde.

Ces eaux ne contiennent naturellement que du poisson blanc. La truite n'y a jamais existé. On sait en effet que ce poisson ne se rencontre dans les eaux de tourbières que quand il y est venu accidentellement ou qu'il y a été apporté.

Le bief le plus élevé de la propriété est alimenté par des sources qui paraissent sortir du pied de la montagne, à travers un *caveau* que M. de Tocqueville a adopté pour y placer ses appareils.

Ce caveau, qui doit faire maintenant l'objet principal de notre examen, est construit en maçonnerie ; il a 3 mètres de longueur et 2^{m},50 de largeur. Le *jour* n'y arrive que faiblement par une porte grillée qui sert de fermeture ; l'eau, dont la température est constamment de *dix degrés* centigrades, maintient son niveau à 15 centimètres environ en contre-bas du seuil de la porte ; elle entre dans le caveau par six ouvertures pratiquées dans les parois latérales ; elle occupe tout l'espace compris entre les quatre murs, et sort par un petit canal également en maçonnerie, établi sous les dalles, pour se rendre dans la première pièce d'eau.

On a déposé là des œufs de poissons fécondés, placés

dans des *tamis flottants* dont le fond est garni d'une toile métallique. Ces œufs appartiennent aux espèces suivantes : saumon, truite, ombre-chevalier.

Le nombre des œufs reçus par M. de Tocqueville, en 1855, est de 35 220, provenant de l'établissement d'Huningue : 26 696 étaient embryonnés. Le nombre des poissons éclos est de 26 463.

Quand la commission dont nous avons parlé s'est transportée, cette année même, à l'établissement de M. de Tocqueville, un grand nombre de ces jeunes poissons avaient perdu leur vésicule ombilicale. On leur jetait pour aliment un mélange de viande pilée et d'œufs durcis. La commission a pu constater leur goût pour cette nourriture, et l'excellent appétit des jeunes élèves.

En aval du caveau, dans la pièce d'eau que les sources alimentent, et en face du petit canal qui donne issue à l'eau, M. de Tocqueville a disposé une longue caisse posée sur un fond dallé, et dont toutes les parois, ainsi que le couvercle, sont en toile métallique.

Un courant assez sensible a été établi, en sorte que les jeunes poissons peuvent se développer comme dans une rivière naturelle. Ils y sont plus nombreux et plus pressés, c'est vrai, mais ils y sont nourris. C'est ici, comme on le voit, une application très-décidée du régime de la *domestication* et de la *stabulation*. Ce que M. Coste annonçait dans les commencements de la propagation piscicole se réalise donc : les poissons, et il y a là une très-grande conquête, deviennent des animaux domestiques.

A mesure qu'ils auront grandi dans cette caisse, M. de Tocqueville les transportera dans les différentes eaux dont nous avons parlé. Ces tentatives fourniront d'utiles renseignements sur les *milieux* qui conviennent aux diverses espèces, et sur les mœurs de certains poissons.

Déjà, dans un canal alimenté par des sources d'eaux

courantes, des cloisons ont été établies pour retenir chaque espèce et la parquer dans un espace déterminé. L'aqueduc en bois contient également de semblables cloisons. Des cailloux ont été jetés dans le fond. Les poissons semblent y prospérer.

Avant d'abandonner l'établissement intéressant où nous voudrions séjourner plus longtemps, disons quelques mots des modifications apportées par M. de Tocqueville aux *tamis flottants.*

L'eau se renouvelait dans les tamis primitifs d'une manière très-imparfaite, puisque le cercle de bois qui en fermait le bord, et qui entourait les œufs, plongeait dans l'eau un peu plus profondément que la toile métallique sur laquelle ces derniers étaient posés. L'eau ne se renouvelait que de proche en proche, par le fond du tamis, et cela sans courant, et d'autant moins facilement que les œufs étaient plus nombreux sur la toile métallique.

Si le cercle extérieur eût été à jour, l'eau eût pu s'y introduire en formant un véritable courant. C'est pourquoi M. de Tocqueville vient d'essayer un tamis qu'il a mis à l'eau sous les yeux de la commission, et dans la circonférence duquel il a fait pratiquer quatre ouvertures carrées, grillées par de la toile métallique. Ces ouvertures étant placées à chaque quart de la circonférence, de quelque côté que se trouve le courant extérieur, il devra avoir son influence sur le liquide intérieur du tamis.

M. de Tocqueville a fait, de plus, garnir d'une feuille de verre le fond de ce tamis, afin que les poissons encore munis de leurs poches éprouvassent moins de fatigue et que la pellicule qui enveloppe cette poche fût moins exposée à s'user que sur la surface rugueuse de la toile métallique, sur laquelle un séjour prolongé lui a paru devoir être autant que possible évité.

CHAPITRE VI.

TRANSPORT DES ŒUFS, DES POISSONS NOUVELLEMENT ÉCLOS ET DE L'ALEVIN.

Moment que l'on doit choisir pour le transport des œufs.

Le moment le plus opportun pour transporter les œufs est, selon l'observation de M. Coste et la nôtre, celui où l'on peut distinguer nettement la forme de l'embryon, *lorsque les yeux commencent à se montrer, comme deux points noirâtres, à travers les membranes de la coque*[1]. Les œufs transportés dans ces conditions ont toujours éprouvé si peu de mortalité, qu'il est souvent arrivé qu'on n'a compté que quatre ou cinq cas par mille. On a quelquefois expédié des œufs, tantôt immédiatement après la fécondation, tantôt quelques heures, tantôt quelques jours après, et dans ces divers circonstances la perte a été très-souvent considérable; la moitié de l'envoi, les trois quarts même étaient altérés. Ceux que nous avons rapportés de Bâle, et que nous avions fécondés sur le Rhin avec Glaser, ont été à peu près tous perdus. Ceux, au contraire, qui ont été déposés à Huningue (les premiers de la campagne) et qui ensuite ont été expédiés au Collége de France, alors seulement qu'ils étaient dans l'état avancé que nous venons de dire plus haut, sont tous venus à bien. Nous en avons eu la preuve par ceux que nous a apportés ici Samuel.

1. *Instructions pratiques sur la pisciculture*, page 59.

parmi les mille œufs qui ont servi à nos expériences de 1855. Nous conseillerons donc aux pisciculteurs de ne point envoyer immédiatement après l'opération les œufs fécondés artificiellement; car alors on ne peut répondre que la fécondation ait réussi, et en outre les œufs sont à ce moment plus susceptibles de s'altérer. L'époque où ils sont plus facilement transportables étant déterminée, nous allons indiquer les moyens d'effectuer ce transport. Le plus simple est celui qu'enseigne M. Coste, et avec lequel il a obtenu les plus grands résultats, comme nous le verrons tout à l'heure. Voici en quoi il consiste.

Premier moyen de transport.

Celui qui veut transporter des œufs prendra, s'il n'en a que peu, une de ces petites boîtes formées de feuilles minces de bois blanc, dans lesquelles on a coutume de mettre les fruits secs ou les dragées. Au fond de cette boîte, il déposera une couche de sable très-fin, bien mouillé, sur laquelle il étendra une assez grande quantité d'œufs, en ayant soin toutefois que ces œufs *ne se touchent pas*, surtout s'ils doivent faire un long trajet. En agissant ainsi, les grains de la seconde couche de sable pourront s'insinuer dans les petits intervalles laissés entre les œufs et les préserveront de tout choc. Au-dessus, on placera une deuxième couche de sable, sur laquelle on étendra des œufs de la même manière. On continuera d'emplir la boîte jusqu'à ce qu'elle soit entièrement pleine, et que le couvercle, *appuyant* sur la dernière couche, puisse empêcher tout ballottement.

On fera en sorte que la boîte dans laquelle on arrangera les œufs n'ait pas plus de un décimètre de profondeur, ni plus de deux à trois décimètres de diamètre; car dans une plus grande boîte le sable *pèserait* trop lourdement sur les œufs et pourrait les écraser. Si l'on veut expédier un plus grand nombre d'œufs, on prendra plusieurs des boîtes que nous recommandons, et on les liera ensemble avec une corde, ou bien on les enfermera dans une grande boîte ou dans une corbeille.

Ces œufs ainsi enfouis dans le sable humide, surtout ceux qui offrent une certaine résistance, par exemple ceux de la plupart des espèces de la famille des saumons, s'y conservent dans un grand état de salubrité pendant plusieurs jours, quand la boîte est maintenue à une température un peu basse.

Il faut que le séjour dans cette boîte soit *le plus court possible* pour les espèces dont l'incubation n'est pas de longue durée ; car, bien qu'alors le développement de l'embryon soit ralenti, il s'effectue cependant, et l'éclosion aurait lieu dans le sable avant l'arrivée des œufs à leur destination. Quant aux œufs d'espèces dont l'incubation est très-longue, comme ceux des saumons et des truites, pour lesquels l'incubation dure de quarante-cinq à cinquante-cinq jours et se prolonge jusqu'à cent ou cent dix jours lorsque la température est basse, on pourra sans danger les laisser longtemps dans le sable humide de la boîte, ce qui permettra de les faire venir de très-loin.

On pourra *avantageusement* remplacer le sable par des végétaux aquatiques, des mousses, etc. On choisira de préférence les plantes qui croissent dans les lieux fréquentés par les poissons dont on veut transporter les œufs, et parmi ces plantes, celles qui sont les plus moelleuses et les moins susceptibles de se tasser. L'humidité de ces végétaux aquatiques permettra de conserver les œufs vivants.

Ce mode d'emballage, enseigné par M. Coste et toujours employé par lui, donne les résultats les plus satisfaisants, aussi bien que le précédent.

Le seul inconvénient qu'on pourrait peut-être re

cher à ce procédé est la difficulté qu'on éprouve à l'arrivée pour retirer les œufs : car ils sont pêle-mêle et il faut souvent les prendre un à un avec une pince.

Second moyen de transport.

Voici un autre moyen qu'on peut aussi employer avec succès et qui a de l'analogie avec celui que nous venons de décrire.

Celui qui voudra envoyer des œufs les placera entre deux *linges mouillés* qu'il enfermera dans une boîte plate, en comblant les vides, s'il le veut, avec des plantes, pour empêcher que les œufs ne soient ballottés ou ne se choquent les uns contre les autres. Celui qui recevra les œufs mouillera la boîte à son arrivée, déploiera le linge et fera glisser les œufs dans une boîte à éclosion. Nous avons toujours et de préférence transporté nos œufs dans de simples linges mouillés, sans rien mettre avec, et de tous les procédés, c'est celui-là au résumé que nous préférons. Quand on a un long trajet à faire, on ne doit pas négliger d'arroser de temps en temps les linges, de façon seulement à entretenir une humidité convenable, mais en ayant grand soin d'éviter des transitions trop brusques de température.

Résultats obtenus par l'établissement d'Huningue.

Quoi qu'il en soit, pour donner une idée de la facilité avec laquelle peut s'effectuer le transport des œufs, en employant par exemple le moyen mis en pratique à Huningue[1], M. Coste a publié une liste des personnes auxquelles des œufs ont été envoyés dans les premiers jours de janvier de cette année. Les succès éclatants que cette

1. C'est celui dont nous parlions tout à l'heure, et que M. Coste recommande de préférence à tout autre.

liste constate méritent bien d'être mentionnés. Huningue a expédié, pendant les premiers jours de janvier, 504 000 œufs de saumon du Rhin, 75 800 de truite ordinaire, 17 550 de truite des lacs, 21 400 d'ombre-chevalier. Tous ces œufs sont arrivés en bon état. Les éclosions se sont opérées de toutes parts avec une si grande régularité, qu'on peut considérer le succès comme complet. Dans le cours de cette année (1855) Huningue a expédié plus d'*un million* d'œufs embryonnés, qui sont tous arrivés en bon état[1].

Voici d'ailleurs les réflexions que les succès signalés par nous suggéraient à M. Coste dans son rapport au ministre : « Je me hâte d'intercaler ici ce tableau, dit-il, afin de montrer par l'éclatant succès de cette grande opération qu'il ne s'agit plus d'une expérience de laboratoire, mais d'une véritable entreprise d'économie publique. Près de 600 000 embryons vivants[2] de saumons du Rhin, de grandes truites des lacs de la Suisse, d'ombres-chevaliers, de truites communes, ont été distribués en quelques jours dans toutes les parties de la France, et sont arrivés aux plus lointaines destinations avec une mortalité tellement insignifiante, qu'il n'y a pas lieu d'en tenir compte. Le Collége de France a reçu jusqu'à *cent vingt mille embryons* de saumon dans une seule caisse, sans que la perte se soit élevée au-dessus de *cinq cents*. La *graine animale* (comme l'a répété depuis un journal allemand) peut donc être transportée partout où l'on veut, comme du froment. Après un pareil résultat, il ne saurait plus y avoir de doute sur la possibilité d'opérer immédiatement le repeuplement des fleuves. ».

Dans un tableau indicatif des diverses espèces d'œufs

1. C'est ce dont on pourra s'assurer en consultant les personnes citées dans un document que nous donnerons plus loin.

2. Ceci était écrit au commencement de l'année.

qui ont été fécondés à Huningue, et dont un grand nombre ont été envoyés aux personnes qui en ont fait la demande, nous allons prendre des faits que chacun pourra vérifier, et citer des noms dont l'autorité ne sera pas suspecte.

Ces énumerations paraîtront peut-être un peu arides; mais nous voulons opposer des faits aux suppositions trop souvent légères, sinon malveillantes, qui ont été répandues dans ces derniers temps surtout.

Pour l'année 1853, nous trouvons d'abord le nom de M. Caron, pisciculteur à Beauvais (Oise), honoré d'une médaille d'argent au concours régional qui s'est tenu dans sa ville, du 11 au 12 mai 1854.

Nous avons visité ses piscines; tous les sujets que nous y avons vus étaient dans un parfait état de prospérité. Ses plus petits saumons avaient trois centimètres de long; les plus gros allaient jusqu'à cinq centimètres.

Dans le nombre des œufs qui lui ont été envoyés en premier lieu, il n'a perdu à l'arrivée que ceux qui étaient au pourtour des boîtes, par suite de la gelée.

M. Huvey, à Moutier, près Clermont (Oise), a reçu également 2000 œufs de saumons qui sont arrivés chez lui en parfait état.

Voici, toujours pour décembre 1853, d'autres noms, avec les indications sommaires qui les accompagnent dans le tableau officiel que nous parcourons :

M. d'Herlincourt, député à Éterpigny (Pas-de-Calais), 2000 œufs de saumon, arrivés en bon état, à l'exception de ceux du pourtour de la boîte, qui étaient gelés.

Mêmes observations pour ceux de M. Joly, à Londières (Seine-Inférieure). Pas d'autres accidents à signaler pour les œufs qui ont été expédiés à :

M. Blanchet Léonce, à Rives (Isère);

M. le président du Comice agricole d'Alais;

M. Loriol, rue d'Enfer, 49, à Paris;

M. Boinvilliers, conseiller d'État, à Lamotte-Beuvron (Loiret);

M. Cerfbeer, receveur des finances, Paris;

Le colonel List, à Faltzbourg;

M. de Biesler, conseiller d'État, à Munich;

Le prince de Furstemberg;

Le margrave de Baden;

M. Schessel, pêcheur de la cour de Bavière;

M. le docteur Mayor, à Genève,

et aux personnes dont les noms suivent, qui toutes ont fait des accusés de réception avec des observations extrêmement favorables, soit à l'arrivée des œufs, soit après les éclosions :

M. Desmé, officier d'ordonnance du ministre de la Guerre, à Saumur;

M. de Noailles, à Maintenon;

M. de Mortemart, à Saint-Vrain;

L'École impériale de Grignon;

La Pisciculture d'Enghien;

M. Pouchet, professeur au Muséum d'histoire naturelle de Rouen;

M. Raupp, à Haulme (Seine-Inférieure);

M. Petithuguenin, à Nemours;

M. de Caumont, à Caen (Calvados);

M. de Tocqueville (Oise);

M. Borel de Bretizel (Oise).

Parmi les personnes auxquels des envois ont été faits en janvier 1854, nous remarquons:

M. Caron, de Bauvais, 10 000 saumons;

M. de Tocqueville, à Baugy (Oise), 1000 saumons, 2000 truites communes, 500 ombres-chevaliers;

M. le préfet de Loir-et-Cher, 10 000 saumons, truites ou ombres;

M. le marquis de Vibraye, à Blois, 8000 saumons ou truites;

Lord Wellindon, 5000 saumons;

M. Boucher de la Rupelle, 2000 saumons;

M. Duchesne, à Avignon, 21 000 truites, saumons ou féras.

En somme, dans cette campagne de 1854, l'établissement d'Huningue a opéré sur les espèces suivantes :

Truites des lacs;

Truites communes;

Saumons du Rhin;

Saumons du Danube;

Saumons salvellins;

Saumons argentés;

Ombres-chevaliers;

Féras.

Il résulte du tableau certifié que nous avons sous les yeux, que la fécondation a porté dans cette même campagne sur la quantité énorme de *un million sept cent vingt-six mille huit cent soixante-cinq* œufs d'espèces diverses.

Transport des poissons nouvellement éclos.

En introduisant les poissons nouvellement éclos dans des vases remplis d'eau, avec une certaine quantité de plantes aquatiques vivantes, on peut facilement ensuite les transporter à de grandes distances, sans changer trop souvent l'eau, même quand ces poissons ont eu besoin d'eaux courantes pour naître, et qu'ils doivent vivre dans ces mêmes eaux.

Dans un bocal contenant deux litres d'eau tout au plus, l'on pourra mettre jusqu'à deux cents jeunes saumons ou deux cents jeunes truites, et les transporter au loin en se bornant à renouveler l'eau du bocal toutes les trois ou quatre heures[1].

Bien qu'il ne soit pas impossible de transporter des jeunes ayant encore leur vésicule ombilicale, il ne faut pas oublier qu'il est préférable d'attendre qu'elle soit tout au moins très-près d'être résorbée ou même qu'elle ait disparu tout à fait. Dans cet état, il y a plus de sécurité ; c'est un fait incontestable.

Si l'on pouvait, étant sur place et préparant un envoi, au lieu de renouveler ainsi l'eau, entretenir dans le bocal un petit filet continu, il serait possible de garder ces jeunes poissons pendant des semaines entières et de les porter aux plus grandes distances.

M. Coste rapporte dans ses *Instructions pratiques*, dont nous avons presque toujours suivi les enseignements, qu'au Collége de France il a gardé jusqu'à six mille jeunes poissons à la fois dans des caisses de bois ou des vases de terre qui n'ont pas plus de quatre-vingts centimètres de long, quinze de large, dix de profondeur, sous un filet d'eau de la grosseur d'une paille, et qu'ils s'y sont conservés aussi sains, aussi prospères que ceux qui vivent en liberté. Il est évident, ajoute ce savant, qu'au moyen des fleuves et des canaux, des barques convenablement aménagées pourraient conduire les poissons nouvellement éclos dans toutes les parties de la France.

1. C'est ainsi qu'ont été transportés de jeunes saumons et des truites de 1853-54, de Versailles à Anet (Seine-et-Marne). M. Lepelletier de Glatigny, auquel nous les avions confiés, n'a pas perdu un seul sujet, et cependant, il lui a fallu arriver à Paris, prendre le chemin de fer de Strasbourg, s'arrêter à la station de Lagny et faire plusieurs lieues avant d'être rendu à son château. Il lui a suffi de changer d'eau deux fois en route.

Transport de l'alevin.

Les poissons sont d'autant plus facilement transportables qu'ils sont plus près encore du moment de leur naissance. Passés à l'état d'alevin, ils deviennent plus embarrassants. MM. Berthot et Detzem, dans de grandes barques converties en viviers, ont transporté quinze cents saumons d'Huningue à Dijon en douze jours; et, après avoir parcouru cent vingt kilomètres, les poissons sont arrivés en bon état. Par ce moyen, qui est peut-être un peu coûteux et que peuvent seuls mettre en pratique le gouvernement, des sociétés ou de riches particuliers, on obtiendra des résultats satisfaisants, pourvu qu'on n'accumule pas une trop grande quantité de poissons, et qu'on prenne soin de les nourrir si la durée du voyage l'exige. Le meilleur aliment qu'on pourrait alors leur donner consisterait en poissons nouveau-nés provenant de l'éclosion des espèces communes. Cette nourriture aurait l'avantage de se concilier avec les exigences de propreté et d'hygiène des jeunes poissons.

CHAPITRE VII.

DISSÉMINATION DES JEUNES POISSONS ET REPEUPLEMENT DES EAUX.

Frayères artificielles.

Nous avons étudié les principes de la fécondation artificielle; nous avons indiqué quels sont les moyens les plus simples et les plus sûrs de transporter les œufs fécondés et les poissons nouvellement éclos. Il nous reste à étudier par quels procédés on peut arriver au résultat si désirable que nous poursuivons, le repeuplement de nos cours d'eau.

Partout où l'on pourra le faire avec avantage, on établira des *frayères artificielles* pour inviter les femelles à venir y déposer leurs œufs. Les espèces qui déposent leurs œufs sur le gravier ou qui les cachent dans des interstices, comme celles de la famille des salmones par exemple, seront fécondées artificiellement et lâchées dans les ruisseaux ou dans les rivières qu'on désirera empoissonner. Mais il ne s'ensuit pas pour cela, même en ce qui concerne ces espèces, qu'on doive négliger d'avoir recours aux moyens naturels, quand on pourra les employer. Lorsque, non loin de leur source, des eaux limpides couleront sur un lit peu profond, on couvrira le fond d'une couche épaisse de galets et de cailloux, afin que les femelles soient tentées de venir y cacher leurs œufs. « Elles y viendront en effet, ajoute M. Coste, à qui nous empruntons les détails relatifs aux frayères artificielles; car à l'établissement d'Huningue nous avons vu nos élèves de deux ans venir frayer dans les ruisseaux artificiels jusque sous le hangar à éclosion. « Les établissements de fécondation artificielle, pourvu qu'on y place des bassins convenablement ménagés, pourront donc servir de laboratoires pour la propagation artificielle et de vastes frayères pour la propagation naturelle.

Ces frayères, à l'aide desquelles l'homme peut déterminer tous les poissons d'une pièce d'eau à venir déposer leur semence sur les points qu'il leur assigné, et d'où il peut ensuite les transporter dans d'autres fleuves, dans d'autres étangs, de manière à entreprendre le repeuplement sur une échelle immense, seront employées pour les poissons qui déposent leurs œufs sur les plantes aquatiques. Elles peuvent être établies de deux manières, soit à l'aide de *fascines* substituées aux plantes aquatiques, que dans ce cas l'on supprime, soit au moyen de ces plantes aquatiques elles-mêmes, dont on ne conserve alors que des *touffes* isolées sur lesquelles les poissons sont obligés de venir déposer leurs œufs, puisqu'*il ne leur reste plus* après cet aménagement d'autres corps où ils puissent les attacher. Ces frayères ont été mises en usage avec tant de succès dans les eaux du parc de Maintenon [1], que l'une d'elles, chargée de semence, transportée au Collége de France dans une bourriche, a donné à M. Coste des milliers d'éclosions. L'organisation de ces frayères, dont la mise en pratique se concilie parfaitement avec les besoins de la navigation, leur distribution, le choix des lieux où il faudra les abriter quand elles seront chargées de semence, devra être l'objet d'une étude spéciale; car il s'agit de sauver le frai et d'assurer l'éclo-

1. M. Millet a fait aussi des expériences en grand à la gare de Choisy, près Paris. D'après des témoignages dignes de confiance, elles ont parfaitement réussi.

sion des espèces si nombreuses qui attachent leurs œufs à des corps étrangers.

Repeuplement des rivages de la mer [1].

Le repeuplement des rivages de la mer présentera plus de difficultés; mais elles seront parfaitement surmontables. L'un des meilleurs moyens proposés par M. Coste, le seul qui ait largement traité cette question, consiste à faire éclore artificiellement des espèces qui vivent alternativement dans les eaux douces et dans les eaux salées : telles sont l'*alose*, le *saumon*, l'*esturgeon* et le *sterlet*. Ces troupeaux de poissons, jetés dans les fleuves, descendront vers la mer. Plus tard, devenus adultes, ils remonteront le cours des fleuves, quand viendra l'époque de la ponte. Les œufs et la laitance, soigneusement recueillis et fécondés artificiellement, donneront naissance à de nouveaux poissons qu'on déposera dans les fleuves, et qui, après leur pérégrination dans la mer, reviendront apporter aux populations riveraines l'inépuisable tribut d'une nouvelle conquête de la science.

L'appareil de Comacchio.

L'expérience fournit des moyens plus puissants encore d'exploiter les eaux de la mer, en créant sur ses rivages d'immenses appareils de pêche semblables à ceux que M. Coste a visités et étudiés en Italie. Parmi eux nous rangerons au premier rang celui de la lagune de Comacchio, dont la mise en pratique dans les étangs salés du midi de la France, dans le bassin d'Arcachon et sur les côtes de Bretagne, produirait d'inappréciables résultats.

« Les documents que j'ai recueillis dans mon voyage

1. En 1853, la seule ville de Paris a consommé, en marée vendue sur les marchés, pour 7 874 030 francs.

d'exploration, dit M. Coste, seront la preuve que l'industrie humaine, guidée par l'expérience des siècles et les nouvelles découvertes de la science, pourra organiser sur tous les rivages de véritables appareils d'exploitation de la mer, où les fruits de cet inépuisable domaine, attirés, mûris et multipliés par ses soins, seront récoltés avec autant de profit et moins de labeur que ceux de la terre. » Pour réaliser cette grande parole, une seule chose suffit : la bonne volonté. L'exemple de Comacchio en fournit la preuve [1].

La lagune de Comacchio est située sur les bords de l'Adriatique, entre l'embouchure du Pô et le territoire de Ravenne, à 44 kilomètres de Ferrare. Elle forme là un immense marécage de 140 milles de circonférence, de 1 à 2 mètres de profondeur, qu'une simple bande de terre sépare de la mer, avec laquelle le port de *Magnavacca* la met en communication. Deux rivières, le *Reno* et le *Volano*, embrassent ce vaste marécage dans une espèce de delta, comme fait le Rhône pour la Camargue. Elles en côtoient les rives, du sud au nord, et descendent à la mer, où leurs embouchures forment deux ports distants l'un de l'autre de 20 kilomètres; entre ces deux ports se trouve celui de Magnavacca.

Bordée par ces deux rivières limitrophes, donnant jadis accès aux flots de l'Adriatique par des fossés irréguliers qu'inondait le canal Magnavacca, alimentée durant l'hiver par les eaux pluviales qu'y introduisent de nombreux canaux d'écoulement, la lagune de Comacchio, comme beaucoup de marécages de notre pays, offrait les conditions les plus favorables pour qu'on pût la convertir

1. Nous ne pouvons mieux faire qu'emprunter, en l'abrégeant, cette description à M. Coste, qui a le plus et le mieux fait connaître Comacchio, et qui en a étudié l'organisation sur les lieux. Cent pages du *Voyage d'exploration* sont consacrées à l'industrie de cette lagune.

en un champ d'exploitation où le mélange des eaux douces et des eaux salées devîendrait la base de l'industrie. Ce fut, en effet, dans cet état que ses premiers habitants la rencontrèrent quand ils vinrent s'y établir. Isolés alors du continent et abandonnés à leurs seules ressources, ils résolurent d'exploiter les eaux de la mer, comme les laboureurs exploitent leurs champs. L'idée de cette industrie leur fut inspirée par la découverte de l'instinct particulier qui porte certaines espèces de poissons à *remonter* les cours d'eau par légions innombrables, quelque temps après leur éclosion, et à regagner la mer quand ils sont adultes.

Ces migrations périodiques, qui ont lieu depuis le mois de février jusqu'au mois d'avril ou au mois de mai, selon les lieux et les climats, ont reçu le nom de *montée*. Ce phénomène peut s'observer chaque année sur tous les points du globe, aux embouchures des canaux qui se déchargent dans la mer ou que la mer alimente. Ces myriades de très-petits poissons qui s'avancent par masses suffiraient au repeuplement de *toutes les eaux de la terre*, si des lois protectrices les préservaient des causes de destruction ou en ordonnaient le transport dans des réservoirs où ils pussent, comme à Comacchio, se convertir en abondantes récoltes de chair alimentaire.

Les habitants de Comacchio, pour faire tourner ce phénomène au profit de leur industrie, imaginèrent un double mécanisme qui, après avoir attiré ces bancs de semence dans leur lagune, les entraînerait ensuite, quand les poissons seraient adultes, vers des magasins où la récolte se rendrait d'elle-même.

Ils ouvrirent en plusieurs endroits de larges tranchées à travers les digues naturelles qui séparent cette lagune des deux rivières qui en bordent les côtés. Sur ces tranchées ils jetèrent des ponts auxquels ils articulèrent de fortes écluses, mises en jeu par une manivelle ou une vis. Ces écluses sont ainsi autant de portes qu'on ouvre à la semence, et qu'on referme dès qu'elle s'est répandue dans les bassins. Elles mettent en même temps au service de l'exploitation vingt courants qui permettent de mêler aux eaux salées de la lagune celles des deux rivières qui en suivent les bords.

Voyons maintenant le rôle que jouent les eaux de l'Adriatique dans cette opération.

Entre l'embouchure du Volano et celle du Reno, à 9 kilomètres de la première et à 12 kilomètres de la seconde, se trouve, avons-nous déjà dit, le port de Magnavacca, canal antique de 44 mètres de large, remontant vers la lagune à travers l'isthme étroit qui la sépare de la mer. Ce canal, peu profond, conduisait autrefois, après un trajet de 1000 mètres, les eaux de l'Adriatique dans des fossés irréguliers, tortueux, qui les amenaient dans Comacchio ou dans la lagune elle-même, par des voies dont les atterrissements menaçaient de compromettre l'industrie, si on n'avait pris des mesures pour conjurer le péril.

Le cardinal Palotta, frappé des inconvénients de cet état de choses, et voulant, dans l'intérêt des pêcheurs de Comacchio, porter remède à ce mal, prolongea (de 1631 à 1634, pendant sa légation à Ferrare) le port de Magnavacca, au delà de la ville de Comacchio, jusqu'à la rive opposée, où il alla chercher un vaste bassin d'eau douce, le *Mezzano*, qu'il incorpora, en l'inondant d'eau salée, à l'appareil hydraulique dans lequel son œuvre concourait si puissamment à transformer cette mer intérieure. Ce canal, qui n'a pas moins de 10 000 mètres de long sur 6 ou 7 de large, fournit à droite et à gauche, sur tout son trajet, des branches principales qui vont se divisant et se subdivisant, sans jamais diminuer de calibre, et portent les flots de l'Adriatique vers les points de la lagune qui ont paru les plus commodes pour le rôle qu'on leur assigne dans le jeu de l'immense machine. Ces branches ont été, en général, dirigées vers les principales îles dont cette lagune est parsemée, afin que l'embouchure de chacune d'elles pût y être encaissée dans l'une des tranchées rectilignes qui coupent les îles de part en part ; ainsi leurs extrémités, béantes au bout de ces tranchées, permettaient d'articuler chaque année, à l'époque des pêches, un appareil (*lavoriero*) à droite et à gauche duquel se trouvait assez de terre ferme pour y établir une caserne et un magasin d'instruments d'exploitation.

Ces travaux livraient aux habitants de Comacchio l'omnipotence des eaux ; car, en abaissant à la fois toutes les écluses, celles des deux rivières comme celle du canal Palotta, cette lagune devenait une *mer intérieure* complétement indépendante, et, en les ouvrant, les flots de l'Adriatique venaient s'y mêler à ceux du Reno et du Volano, dans la proportion qu'on voulait.

Pour pouvoir efficacement agir sur chaque point particulier, on divisa la lagune en un grand nombre de compartiments, de telle sorte que chacun d'eux fût en communication directe avec un ou plusieurs rameaux de l'Adriatique, et en même temps avec les eaux douces de l'une ou de l'autre des deux rivières limitrophes. De cette manière, les manœuvres d'exploitation se trouvèrent réparties et concentrées, et l'action fut plus intense, s'exerçant tant dans des espaces limités que sur l'espace immense de la machine totale.

Perfection de l'appareil de Comacchio.

Ainsi, à force de patience et de travaux, les habitants de Comacchio ont organisé un véritable appareil d'exploitation de la mer. Nous nous sommes étendu à dessein sur la série d'opérations par lesquelles ils sont arrivés à leur but, afin de montrer comment on pourra imiter leurs intelligents travaux. Car « dans ce singulier organisme, dit M. Coste, il n'y a pas un seul détail qui ne réponde à quelque susceptibilité de l'instinct des êtres qu'il s'agit d'inciter à se rendre, peu de temps après leur naissance, en un lieu déterminé, de les contraindre à y rester jusqu'à l'âge adulte, de les solliciter à en sortir à des époques fixes pour les diriger vers des embûches où ils viennent se livrer à la main de l'homme.

« La manœuvre qui met à la fois en communication, par toutes les écluses ouvertes, les eaux de la lagune avec celles du canal Palotta et des deux rivières limitrophes, satisfait à la première de ces conditions : c'est l'opération de l'ensemencement.

« Celle qui abaisse toutes ces écluses après l'entrée de la semence, ferme hermétiquement toutes les issues et retient la *montée* prisonnière, satisfait à la seconde condition : c'est l'opération préparatoire à l'élève du poisson.

« Celle qui ouvre seulement les portes du canal Palotta et livre passage aux courants salés qui attirent le poisson adulte vers les embouchures béantes des branches de ce canal où se trouvent les labyrinthes, répond à la troisième indication : c'est l'opération de la récolte.

« Cet appareil hydraulique, unique dans le monde, met donc aux mains de ces obscurs pêcheurs un instrument de production dont la puissance serait illimitée, si, aux pratiques consacrées par le temps, ils ajoutaient, comme je leur en ai déjà donné le conseil, les ressources que l'application du procédé de fécondation artificielle peut fournir.

« En voyant ces hommes simples et doux, continue M. Coste, se livrer à leurs travaux, j'éprouvais, dans ma vive sympathie pour la prospérité de leur ingénieuse industrie, une véritable joie, à la pensée qu'il me serait peut-être donné d'appeler sur eux la faveur publique. »

Pour contribuer aussi, en ce qui nous concerne, à prouver qu'ils la méritent, nous allons montrer par quel ingénieux procédé ils accomplissent le troisième temps dont nous venons de parler, et qu'on pourrait presque appeler le temps de la récolte sans semailles.

Description de l'appareil de Comacchio.

La figure que nous donnons ici représente une vue, prise à vol d'oiseau, d'une *valle* et de son labyrinthe ou

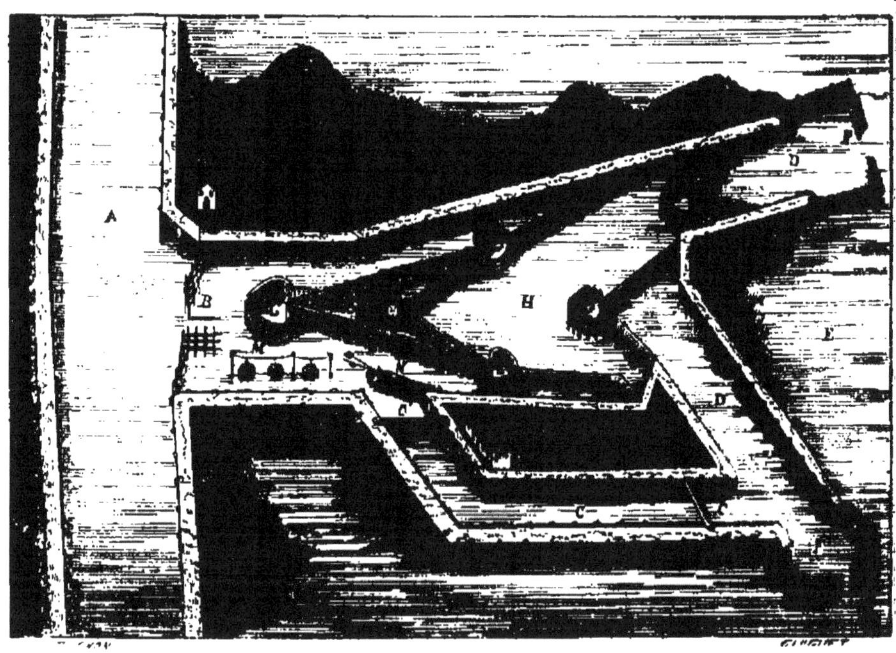

Fig. 19. Vue à vol d'oiseau d'une *valle* et de son labyrinthe ou *lavoriero*, dans la lagune de Comacchio.

lavoriero. Nous l'avons fait copier exactement, avec autorisation, dans le magnifique ouvrage de M. Coste, que nous avons déjà si souvent cité.

Une tranchée B, creusée à travers l'îlot sur lequel est établie la *valle*, et dont les bords sont assurés contre les éboulements par des pieux et des fascines, met en communication, par deux branches, le canal Palotta A avec un bassin ou *campo* E de la lagune. C'est dans cette tranchée qu'est établi, à l'aide de claies en roseaux soutenues par des piquets, un appareil de pêche des plus simples et des plus ingénieux qu'il soit possible d'imaginer; appareil dans lequel on peut distinguer trois compartiments principaux D, H, K, ayant chacun ses dépendances G, I, L.

Le premier de ces compartiments D, D est celui dans lequel s'engage le poisson qui veut gagner le canal Palotta pour se rendre à la mer. Il s'évase du côté du *campo* ou bassin E, et forme là une sorte d'antichambre F,F, aux parois de laquelle est ménagée une ouverture étroite pour le passage des eaux. Cette disposition permet aux courants que les flux de l'Adriatique déterminent, de se faire sentir plus au loin dans la lagune, et d'inciter davantage le poisson à se rendre dans les embûches qui lui sont dressées.

Du côté du canal Palotta, ce premier compartiment est limité par deux cloisons qui, appuyant une de leurs extrémités chacune sur un bord, se rencontrent par l'autre, à angle aigu, vers le milieu du canal. A cet angle, qui est entre-bâillé, est généralement adaptée une chambre triangulaire, comme en G, dont le sommet, également entre-bâillé, s'ouvre dans le second compartiment du labyrinthe.

Ce deuxième compartiment H, le plus grand de tous, forme une vaste enceinte de laquelle le poisson, qui vient de franchir la chambre G du premier compartiment D, ne peut sortir désormais qu'en tombant fatalement, par la seule issue qui lui soit offerte, dans une autre chambre I, à parois continues et assez solides pour devenir la prison définitive du *muge*, de la *sole*, de la *dorade*, mais trop faibles pour retenir l'*anguille*. Celle-ci, glissant sans trop d'efforts entre les roseaux dont le degré de résistance est calculé pour cette fin, passe dans la dernière partie du labyrinthe K. Cette chambre I, qu'un plancher J enveloppe pour les facilités de la pêche, est donc une sorte de crible à l'aide duquel se fait naturellement le triage du poisson.

Le troisième compartiment K est uniquement destiné à la pêche des anguilles. Il est plus compliqué que les deux autres, il a des parois plus épaisses et ressemble, par sa forme, à un fer de lance à trois angles saillants. Chacun de ces angles, qui est entre-bâillé comme ceux des deux autres compartiments, s'ouvre également dans un appareil triangulaire L, L, L, nommé *otela*, dont les parois, formées par deux, trois et même quatre claies superposées et à mailles serrées, peuvent résister à toutes les tentatives d'évasion que feraient les anguilles qui s'y accumulent.

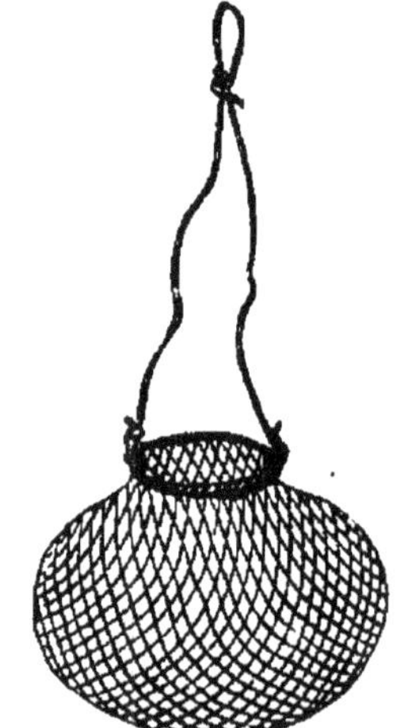
Fig. 20. Panier en osier, dit *borgazzo*, pour la conservation des anguilles.

Un simple filet à bourse, que l'on promène dans ces espèces de *souricières à poissons*, suffit pour en enlever tout ce qui s'y est introduit. Les anguilles, si elles ne sont pas en suffisante quantité pour faire l'objet d'un convoi spécial, sont provisoirement déposées dans de grands paniers sphériques en osier, ou *borgazzi*, que l'on tient immergés à l'aide de cordes. Nous en donnons le dessin à part (fig. 20), pour bien en faire comprendre les dispositions.

Chaque valle a encore, comme celle-ci, pour les besoins de l'exploitation :

1° Un poste O où sont casernés les *vallanti ;*

2° Une ou plusieurs barques de pêche N ;

3° Un canal de communication C fermé à chaque extrémité par une écluse simple C'C' que l'on retire au moment du passage des nacelles, et que l'on abaisse immédiatement derrière elles. Ce canal, lorsque les labyrinthes sont dressés, est la seule voie qui permette aux embarcations de passer du canal Palotta dans les bassins, et réciproquement ;

4° Enfin la plupart des valli ont encore, soit à côté du logement des vallanti, soit sur un autre point de l'île, un magasin comme on en voit un vis-à-vis de la lettre A, qui sert à abriter les instruments de pêche, les matériaux propres à la construction des labyrinthes, etc., et quelquefois un atelier spécial de charpentier pour la construction des barques.

Rien n'est plus beau ni en même temps plus simple que ces créations de l'art qu'il nous serait si facile d'imiter, au grand profit de nos populations côtières et de la masse des consommateurs.

L'exemple est là ; il suffirait de le suivre.

L'administration et l'État rivalisent de zèle pour assurer le succès des opérations de Comacchio. Une législation prévoyante, qui fait honneur à la sagesse du gouvernement pontifical, interdit sous les peines les plus sévères, sur toute la portion du littoral qui correspond à la lagune, l'usage des filets traînants à petites mailles, avec lesquels, en tout autre temps, on a coutume de pêcher jusqu'aux bords du rivage; tandis que, au moment de la montée, les filets à larges mailles ne sont tolérés eux-mêmes qu'à une certaine distance de la côte.

Vers la fin d'avril, quand le phénomène de la montée cesse, on ferme les écluses, dans la crainte que les poissons nouvellement venus ne s'enfuient à travers les mailles des filets qui les garnissent. La lagune est alors convertie en un bassin clos de toutes parts ; les poissons demeurent prisonniers dans cette enceinte commune et aussi dans d'autres enceintes particulières ; chaque espèce y vit selon son penchant, cherchant sa pâture dans les eaux de sa prison, jusqu'au jour où le fermier général juge à propos de mettre en vente ses prisonniers.

Cette description donne une idée des moyens qu'on pourra mettre en usage dans certaines parties de la France, pour assurer la conservation et la multiplication du poisson de mer. Les nombreux visiteurs du bassin d'Arcachon savent déjà le parti qu'on tire des réservoirs creusés à grands frais par les riverains, notamment du côté d'Audenge et d'Arès. Il y a encore là un exemple à suivre, en admettant toutefois que les jalouses inimitiés des pêcheurs de la Teste ne parviennent pas à détruire cette importante industrie par une question de largeur de mailles, au moment même où l'établissement des chemins de fer peut la faire entrer largement dans la voie du progrès.

Frai des huîtres.

Disons aussi un mot des moyens qu'on devrait employer pour préserver le frai des huîtres [1], qui est dispersé chaque année sur nos côtes par les courants et les flots, dévoré par les animaux inférieurs qui se nourrissent d'infusoires, ou enfin détruit par les engins de la spéculation avide et imprévoyante qui, sans s'inquiéter des générations nouvelles, qu'elle a pourtant grand intérêt à conserver, ne s'applique qu'à rendre plus efficaces les moyens de destruction. Ici encore nous aurons recours aux savantes observations que M. Coste a faites sur les industries qu'il a étudiées en Italie pendant ses explorations.

Les huîtres effectuent leur ponte depuis le mois de

1. En 1853, Paris a consommé pour 1 641 359 francs d'huîtres.

juin jusqu'à la fin de septembre [1], et, au lieu d'abandonner leurs œufs, comme la plupart des animaux marins, elles « les gardent en incubation dans les plis de leur manteau, entre les lames branchiales. Ils y restent plongés dans une matière muqueuse qui est nécessaire à leur évolution, et au sein de laquelle s'achève leur développement embryonnaire. » Ils éclosent bientôt, et ces animalcules sortent du manteau de leur mère munis d'un appareil de natation qui leur permet de se répandre au loin, d'errer çà et là par myriades au gré des flots et des courants, jusqu'à ce qu'ils rencontrent un corps solide où ils puissent se fixer. Chaque mère ne fait pas moins de un à deux *millions* de petits, dont le plus grand nombre est dévoré ou englouti dans la vase. Ce serait donc rendre un grand service à l'industrie, que de lui fournir un moyen d'éviter ces pertes immenses et de fixer presque toute la récolte. Pour atteindre un résultat si important, il suffirait, dit M. Coste, d'appliquer, en y introduisant toutes les modifications commandées par le milieu où l'on opérerait, les procédés employés avec tant de succès dans le lac Fusaro. Les voici :

Bancs artificiels du lac Fusaro.

« Entre le lac Lucrin, les ruines de Cumes et le cap Misène, se trouve un étang salé, d'une lieue de circonférence environ, d'un à deux mètres de profondeur dans sa plus grande étendue, au fond boueux, volcanique, noirâtre, l'Achéron de Virgile enfin, qui porte aujourd'hui le nom de *Fusaro*. Dans tout son pourtour, et sans qu'il soit possible de dire à quelle époque cette industrie

1. C'est pourquoi, de mai jusqu'à la fin d'août, les huîtres sont délaissées. C'est la période des mois sans *r*, disent les amateurs. Nous citons cette remarque, parce qu'en effet elle peut très-bien servir de guide.

a pris naissance, on voit, de distance en distance, des espaces le plus ordinairement circulaires, occupés par des pierres qu'on y a transportées. Ces pierres simulent des espèces de rochers que l'on a recouverts d'huîtres de

Fig. 21. Banc artificiel du lac Fusaro.

Tarente, de manière à transformer chacun d'eux en un banc artificiel, comme on le voit dans nos deux figures 21 et 22.

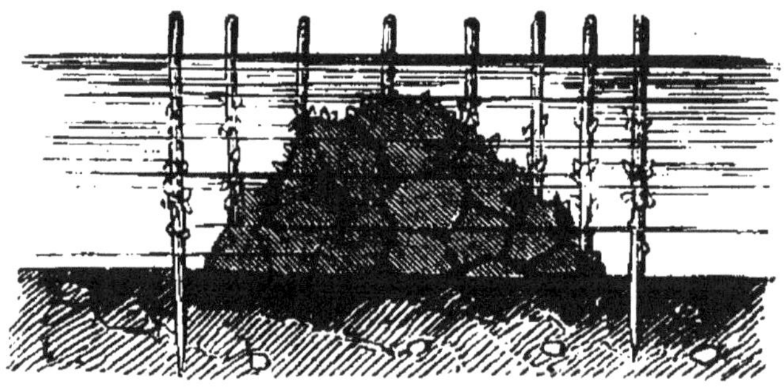

Fig. 22. Coupe d'un banc artificiel du lac Fusaro.

« Il y a quarante ans environ, les émanations sulfureuses du cratère occupé par les eaux du Fusaro ayant pris une trop grande intensité, les huîtres de tous ses bancs artificiels périrent, et, pour les remplacer, on fut obligé d'en faire venir de nouvelles.

« Autour de chacun de ces rochers factices, qui ont en

général deux à trois mètres de diamètre, on a planté des pieux assez rapprochés les uns des autres (voy. fig. 23), de façon à circonvenir l'espace au centre duquel se trouvent les huîtres. Ces pieux s'élèvent un peu au-dessus de la surface de l'eau, afin qu'on puisse facilement les saisir avec les mains, et les enlever quand cela devient utile. Il y en a d'autres aussi qui, distribués par longues files, sont reliés par une corde à laquelle on suspend des *fagots* de menu bois, destinés à multiplier les pièces mobiles qui attendent la récolte. Ces pieux et ces fagots arrêtent au passage la *poussière d'animalcules* qui s'échappe chaque

Fig. 23. File de pieux et de fagots pour fixer les huîtres dans le lac Fusaro.

année du manteau des huîtres mères, et lui présentent des surfaces où elle peut s'attacher, comme un *essaim d'abeilles* aux arbustes qu'il rencontre au sortir de la ruche. Elle s'y fixe en effet et y grandit assez rapidement pour qu'au bout de deux ou trois ans chacun des corpuscules vivants dont elle se compose devienne comestible.

« Lorsque la saison des pêches est venue, on retire les pieux et les fagots, dont on enlève successivement toutes les huîtres réputées *marchandes*, et, après avoir *cueilli les fruits* de ces grappes artificielles. on remet l'appareil en place pour attendre qu'une nouvelle génération amène une seconde récolte. D'autres fois, sans toucher aux pieux, on se borne à en détacher les huîtres au moyen d'un crochet à plusieurs branches. La source d'où ces générations émanent reste donc permanente, se perpétuant et se renouvelant sans cesse par l'addition annuelle de l'infime minorité qui ne déserte pas le lieu de sa naissance. »

Ces procédés, introduits dans notre pays et notamment à Marennes, et modifiés selon la nature et les besoins des lieux, pourraient sauver l'industrie des huîtres menacée dans sa source même, que tarissent chaque année d'imprudents spéculateurs.

Serait-il donc si difficile d'imiter les bancs artificiels du lac Fusaro ? Nous ne le pensons pas, et, dernièrement M. Gerbe, préparateur au Collége de France, l'un de nos naturalistes les plus distingués, nous faisait voir un modèle de banc artificiel d'huîtres, construit d'après les données recueillies à Fusaro. Rien n'est plus simple : c'est la reproduction en relief, pourrait-on dire, de nos figures 21, 22 et 23. On pourrait même, ajoutait avec raison M. Gerbe, suspendre sur les bancs naturels des fagots qui retiendraient le frai, et qu'après l'époque de la ponte on transporterait n'importe où.

Multiplication des homards et des langoustes.

Le homard produit de 15 à 20 000 œufs ; la langouste en donne plus de 100 000. Il est certain aujourd'hui que la multiplication de ces espèces est possible pratiquement. La place nous manque pour entrer dans quelques détails à ce sujet; mais nous citerons pour preuve du fait la récompense dont un pêcheur-lamaneur de Cancarneau vient d'être l'objet. La Société impériale et centrale d'agriculture a décerné à M. Guillou, dans sa séance solennelle du 29 août 1855, une *médaille d'or*, à l'effigie d'Olivier de Serres, pour travaux relatifs à la multiplication de ces crustacés.

Frai des moules.

Comme le frai des huîtres, celui des moules s'attache aux corps solides qui sont situés dans leur voisinage; il sera donc facile de le recueillir sur des pieux et des fascines. Quand les moules auront atteint une certaine grosseur, on pourra, soit les semer sur le radeau dont nous allons parler, soit les enfermer dans des sacs de filet et

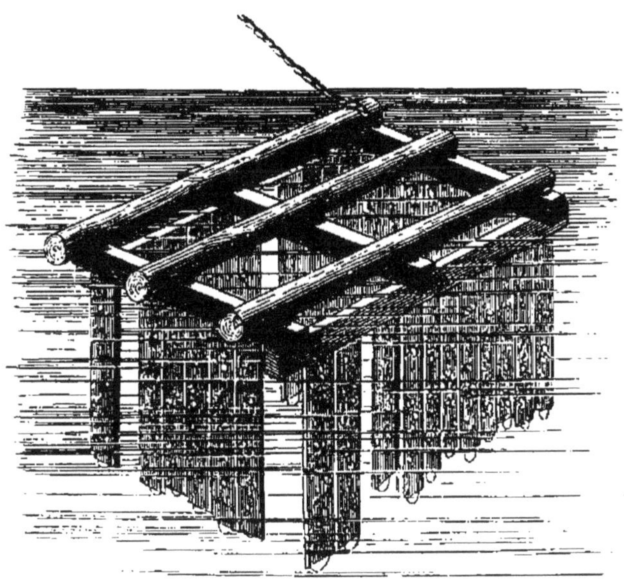

Fig. 24. Radeau à pièces mobiles pour l'élève des moules.

les suspendre, comme le font les pêcheurs de la baie de l'Aisguillon, à de grands pieux découverts à marée basse, et où on peut surveiller leur développement et les cueillir quand elles sont marchandes.

On pourra aussi employer, pour *la pêche des moules*, un radeau à pièces mobiles (fig. 24), que l'on désarticule à volonté, et qui est mis en usage dans certaines localités de l'Italie. Un gardien de l'arsenal de Venise sème, sur le plancher d'un radeau de cette sorte, des moules qu'il élève dans un bassin reculé de cet arsenal, où elles grossissent avec une prodigieuse rapidité. Ce radeau, imité dans les mêmes conditions que les bancs artificiels d'huîtres dont nous avons parlé tout à l'heure, pourrait donner, s'il était employé sur une grande échelle, d'inépuisables récoltes. Une exploitation bien réglée permettrait de repeupler les localités épuisées par les abus de la pêche.

Récolte des moules.

On pourrait encore mettre en usage sur plusieurs points des côtes de France l'appareil de la baie de l'Aisguillon, dont nous voulons dire un mot. Son emploi aurait pour résultat de multiplier les moules, qui sont une si grande ressource pour les classes malheureuses, en leur donnant par cette culture un goût et une saveur qu'elles offrent rarement quand elles croissent sur les rivages. Souvent même, venues dans les conditions dont nous parlons et privées des soins et de l'industrie de l'homme, elles sont maigres, âcres et malsaines. Pour en faire un bon aliment, il suffirait d'appliquer, sur les côtes où croît ce mollusque, l'appareil que l'Irlandais Walton fut amené à découvrir dès le XIIIe siècle : car il faut remonter à 1235 pour voir commencer cette industrie.

Walton venait en France vendre des moutons de son pays, quand une tempête le jeta sur le rivage qu'on appelle aujourd'hui la baie de l'Aisguillon. Dépourvu de ressources sur cette côte déserte, il eut recours à la chasse des oiseaux pour soutenir sa vie. Il tendit des filets sur les vasières et remarqua bientôt que les moules qui s'attachaient aux pieux auxquels il assujettissait ses filets surpassaient en grosseur et en qualité celles qui croissaient naturellement sur la vase. Cette remarque le porta à créer le premier *bouchot* (littéralement clôture en bois : le *bouchot* est un parc formé de pieux et de clayonnage).

La découverte est restée, et ce qu'il y a de remarquable, c'est qu'après six siècles, les règles établies par Walton et suivies de son temps pour la formation des bouchots et pour la pêche des moules sont encore les mêmes. Nous les avons fait connaître dans un article publié le 30 janvier 1855 par le *Pays*, d'après les épreuves de l'ouvrage de M. Coste, qui a lui-même exploré ces rivages et révélé l'importance de cette industrie. On trouvera dans son livre les renseignements les plus exacts et les plus précieux sur ce sujet.

Disons seulement ici, pour montrer quels immenses profits on pourrait retirer de nos vasières, de nos lacs salés et de mille points divers de nos rivages improductifs, que tout en livrant 150 kil. de moules pour la faible somme de 5 francs, les 30 ou 37 millions de kil. que les pêcheurs de l'Aisguillon envoient sur le marché n'en sont pas moins l'objet d'un commerce de un million à douze cent mille francs par an.

Acclimatation des poissons et considération sur la loi concernant la pêche.

L'*acclimatation* des poissons, quoi qu'en aient dit certains critiques, est un fait mis aujourd'hui hors de doute par des expériences nombreuses. Ce procédé fut anciennement pratiqué par les Chinois. Les Romains firent éclore dans les eaux douces la semence de poissons de mer, qu'ils réussirent à y acclimater. C'est ainsi, au dire des auteurs latins, que les lacs Velinus, Sabatinus, Vulsinensis et Cimnius, en Étrurie, furent peuplés de *bars*, de *dorades* et de *muges*. Ne sait-on pas que la carpe, qui vit et se développe si bien dans nos eaux, y a été récemment importée de la Perse? Les expériences de M. Coste et ce qu'il dit dans l'introduction de son grand ouvrage, répondent d'une façon péremptoire à toutes les critiques et à toutes les attaques : « Vous avez vu au Collége de France, dit-il, s'adressant au ministre, dans la piscine consacrée à mes expériences, des myriades de jeunes saumons, de jeunes truites et de jeunes ombres-chevaliers, provenant d'œufs fécondés artificiellement sur les bords des lacs de la Suisse, du Rhin, du Danube, éclos dans les appareils à incubation de mon laboratoire, recevoir leur pâture dans cette étroite enceinte, comme des troupeaux soumis au régime de la stabulation.

« L'importation à laquelle l'établissement d'Huningue attache le plus grand prix est celle du saumon du Danube, poisson à chair blanche, d'une qualité excellente, et dont le poids s'élève quelquefois jusqu'à 100 kilogrammes. Les jeunes de cette espèce qui sont éclos l'année dernière dans nos viviers y ont déjà acquis une taille *trois* fois plus grande que les truites communes du même âge, qui vivent naturellement dans les eaux de cet établissement. »

Après avoir cité ces faits et plusieurs autres, M. Coste ajoute : « Je puis invoquer aujourd'hui en faveur de l'acclimatation des poissons dans les eaux où ils n'ont jamais vécu un si grand nombre d'expériences, que le fait ne saurait plus désormais être l'objet d'une sérieuse contestation. »

Nous sommes de l'avis du savant naturaliste, et comme lui nous pensons que, pour ces essais d'acclimatation comme pour l'application des moyens de repeuplement des eaux signalés par nous quelques pages plus haut, l'intervention de l'État est indispensable. Lui seul peut supporter les charges qu'imposent ces entreprises.

La pisciculture, Dieu merci, est sortie du laboratoire des savants. Que le gouvernement la fasse avancer d'un pas de plus, qu'il la lance dans le domaine de l'industrie.

Il ne s'agit pas ici d'une expérience ayant pour objet la distraction du public ni la satisfaction donnée à la vanité d'un savant. C'est une question d'économie sociale, de bien-être général.

Jetez dans les eaux des semences fécondes qui produisent plus tard de riches moissons. Le travail et le bien-être chasseront alors le chômage et la misère, tristes hôtes des populations riveraines. Les finances de l'État s'augmenteront avec les fermages des fleuves, la propriété foncière sera exonérée, et l'agriculture reprendra sa vie et son importance au milieu des industries rivales qui agitent leurs mille bras d'un bout à l'autre de notre pays.

Il ne suffira pas cependant de *faire* du poisson, il faudra encore le *cultiver,* et veiller à la *conservation* des semences fécondes que l'on confiera aux eaux. A quoi bon les enrichir d'espèces nombreuses, si on les laisse livrées imprudemment à l'avidité imprévoyante des riverains, et si on continue à paralyser ainsi, par suite de son incurie, les efforts des établissements nouveaux et des pisciculteurs?

Qu'on surveille l'emploi des filets; qu'on prohibe rigoureusement les engins destructeurs, en un mot qu'on refasse l'article 26 du code de la pêche. Au lieu de défendre certains instruments, on doit procéder en sens contraire. La rédaction de cet article fournit en effet une arme contre la loi même. Il faut donc la changer.

La loi doit absolument énumérer, pour être utile, et *spécifier* les engins, et défendre ensuite rigoureusement l'usage de ceux qu'elle a bien précisément et sans équivoque entendu ne pas autoriser.

Nous poserons ensuite cette autre question : Pourquoi prohiber la pêche, si la vente est permise, et elle l'est en fait, lorsque le législateur tolère le débit des poissons provenant de réservoirs ou d'étangs?

Une pareille exception détruit incontestablement et inévitablement la règle. L'article 30 du code de la pêche est donc à refaire aussi.

Il faudrait de plus prolonger la durée des baux des cours d'eau affermés par l'État. L'homme ne travaille que dans l'espoir d'une récompense ou d'un lucre; or, comme il faut longtemps pour que la moisson du fleuve vienne faire oublier au fermier ses sacrifices, ses peines et ses travaux, il faut lui consentir des baux à plus long terme.

Quand on aura fait de nouveaux règlements, complété ou changé les anciens, qu'on exerce ensuite sur les cours d'eau la surveillance la plus rigoureuse, soit. Il serait même bon d'établir des gardiens qui auraient pour mission de faire des fécondations artificielles, de protéger le frai, d'empêcher la pêche des œufs, la destruction des frayères, etc. C'est seulement, l'opinion est presque unanime à cet égard, au prix de ces réformes et de ces défenses qu'on obtiendra dans notre pays les avantages que la pisciculture a produits déjà chez des voisins mieux favorisés ou plus habiles.

On a pu voir à l'Exposition universelle avec quel soin les questions de ce genre sont étudiées, entendues et suivies dans des pays auxquels nous avons peu de choses à envier cependant. Chacun s'est arrêté dans la partie sud du palais principal près des ingénieux bassins que M. Murray a exposés au nom de la Société des pêcheries intérieures d'Irlande. Il est fâcheux seulement qu'au lieu de saumons et de truites on ait mis dans l'eau de simples goujons et des vérons. Quoi qu'il en soit, nous notons le fait pour prouver que la pisciculture marche pratiquement et prend sa place partout. Il est donc temps de songer à en tirer tout le profit qu'on peut et qu'on doit en attendre.

CHAPITRE VIII.

PARTICULARITÉS DES ESPÈCES COMMUNES.

Nous n'avons pas voulu interrompre l'exposé des considérations générales qui ont rapport à la pisciculture ni la description des procédés applicables à toutes les espèces de poissons, pour entrer dans quelques particularités d'autant plus essentielles cependant à connaître, qu'elles intéressent les espèces communes, celles dont il est le plus urgent d'éviter le dépérissement[1].

Maintenant que nous sommes arrivé à la fin de notre première tâche, et que nous avons indiqué les grandes règles de la fécondation artificielle, nous allons passer successivement en revue les espèces qu'on rencontre le plus habituellement dans nos pays, en les rangeant par ordre alphabétique, pour faciliter les recherches de l'élève pisciculteur. C'est là le complément indispensable de notre travail; car, pour entreprendre avec succès la naturalisation d'un animal quelconque, il faut avoir, avant tout, acquis toutes les notions nécessaires relativement aux conditions d'existence et de reproduction dans lesquelles la nature l'a placé.

Ablette.

Nous avons peu de chose à dire sur l'*able* ou l'ablette. Elle fraye, dit-on, en mai et en juin, et dépose

1. En 1853, Paris a consommé pour 840 053 fr. de poisson d'eau douce.

ses œufs ballants sur les plantes aquatiques qui flottent à la surface de l'eau ou tapissent les rives des fleuves.

Elle n'a d'autre intérêt pour le pisciculteur que de lui fournir en certains cas une excellente proie vivante. Elle rend de bien plus notables services à l'industrie depuis la singulière découverte du marchand de chapelets de Paris, nommé Jannin, qui eut le premier l'idée d'utiliser ses écailles pour faire cette substance nacrée qu'on nomme *essence d'Orient* et dont on se sert pour la fabrication des *fausses perles*. Ces perles ne sont autre chose qu'une bulle de verre renfermant ces écailles de l'ablette préalablement lavées et broyées dans l'eau ordinaire, au fond de laquelle elles se déposent bientôt en poussière impalpable.

Anguille.

Ce poisson, d'après l'opinion la plus accréditée, se reproduit à l'embouchure des fleuves. Ce qu'il y a de certain, c'est que tous les ans, vers les mois de mars et d'avril, des myriades d'animalcules filiformes, de 6 à 7 centimètres de long, s'élèvent par masses compactes à la surface des eaux, dont ils remontent le cours, quand ils échappent aux causes de destruction qu'ils rencontrent sur leur passage. Ces animalcules sont des anguilles nouvellement écloses; elles abandonnent le lieu de leur naissance pour aller se fixer dans les pièces d'eau qui communiquent avec le fleuve dont elles remontent le cours.

Ces migrations périodiques prennent le nom de *montée;* et cette montée est si abondante, qu'un litre pouvant contenir 5 ou 6000 petites anguilles, coûte un franc.

Cette montée, au lieu d'être recueillie et anéantie par les riverains, qui lui font la chasse avec de grandes perches munies de tamis, pourrait, assure avec raison M. Coste, devenir une source inépuisable d'alimentation, si on la transportait dans des bassins préparés pour la recevoir, et où chacun des individus qui la composent passerait rapidement à l'état adulte.

L'anguille vit très-bien hors de l'eau, elle rampe comme les reptiles. Elle se tient souvent dans des prés marécageux, dans l'eau où elle se plaît, elle se cache le jour dans la vase et sort de là la nuit pour chercher sa nourriture, qui consiste surtout en petits poissons et en vers. C'est la connaissance de ce fait qui a conduit au procédé de pêche qu'on considère comme le meilleur et qui consiste à enfiler des vers avec un fort fil, à faire du tout une sorte de boule au bout d'une corde qu'on jette comme appât à la manière ordinaire. Quand l'anguille a mordu, on retire vivement dehors; sans cela, comme elle lâche bientôt prise, elle retomberait dans l'eau.

L'anguille, on le sait, a une chair saine et agréable.

Quand on veut empoissonner un milieu quelconque par l'anguille, il suffit, pour obtenir un bon résultat, de choisir un emplacement vaseux ou sablonneux. Si on désire faire grossir promptement l'anguille, il faut la nourrir de limaçons écrasés, de limaces, de vers de terre, de débris de cuisine, etc.

Les personnes qui voudraient s'occuper de ce genre de pisciculture et empoissonner des pièces d'eau trouveront à Versailles chez M. Ravaud, rue de l'Orangerie, 19, et chez M. Laudet, parc de Clagny, de petites anguilles d'une grosseur de 2 à 3 centimètres, sur une longueur de 10 à 25 centimètres.

Nous ferons remarquer en passant qu'en moyenne, le revenu annuel de chaque anguille est de 50 centimes, une anguille de quatre ans valant 2 francs. Jusqu'ici peu de personnes se sont occupées du produit de l'anguille, à cause de la difficulté qu'on éprouve pour s'en procurer de petites, puisque ce poisson ne se reproduit pas en eau douce. A l'adresse indiquée ci-dessus, on trouvera des anguilles à 5, 10, ou 15 centimes la pièce, selon la grosseur, garanties vivantes jusqu'à leur destination [1].

Barbeau.

Le barbeau est un des poissons les plus précieux de nos rivières, puisqu'il peut atteindre le poids de 9 à 10 kilogrammes et 35 à 40 centimètres de long. Il vit, dans les eaux douces où il se nourrit, de débris végétaux et animaux, et se plaît dans les endroits profonds des rivières.

Ce poisson pond vers le milieu de la lune de mai, dans les courants rapides et peu profonds. On peut s'emparer des barbeaux avec des éperviers ou des verveux. A la moindre pression, les œufs, d'un beau jaune orange, et gros comme une moyenne tête d'épingle, sortent abondamment et par jet.

M. Isidore Lamy, fait remarquer que la semence du mâle semble être un peu plus crémeuse que celle des autres espèces. Avec une douzaine de femelles, on obtient environ trois litres d'œufs. L'incubation de ces œufs ne dure que dix ou douze jours.

Pour la reproduction de ce poisson, comme pour celle de la *chevenne* ou *meunier*, on choisira des endroits où l'eau est courante, où les grèves sont en pente douce. S'il n'en existe pas, on en organisera. On pourra aussi créer des frayères artificielles au moyen de petits monticules de cailloux.

On a prétendu que les œufs de barbeau étaient mau-

1. M. Borne (de Saint-Arnoult, près Rambouillet, Seine-et-Oise), nous apprend qu'il arrive du Calvados, où il a fait une ample provision d'anguilles qu'il cédera aux amateurs de pisciculture, au prix de 40 francs le mille. Il est donc facile d'ensemencer un bassin à peu de frais, et même, en se livrant à cette industrie, de réaliser des bénéfices assez considérables.

vais à manger, et même qu'ils avaient des propriétés vénéneuses. C'est là un fait qui n'est point du tout constaté, que nous sachions.

Brême.

La brême est un poisson herbivore, habitant d'ordinaire des eaux tranquilles et profondes, surtout les grands lacs du nord et du nord-est de l'Europe, et ne remontant les courants qu'à l'époque du frai, au mois de mai.

Pendant le temps du frai, le mâle porte sur le corps des espèces de verrues larges comme une pièce de 5 francs en or. Les œufs de ce poisson sont gros et *collants;* ils adhèrent aux corps solides sur lesquels la femelle les dépose. On peut élever et engraisser la brême dans des viviers profonds, en la nourrissant de débris de végétaux, de pâtées de pommes de terre et de graines de toute sorte. Sa chair est blanche, ferme et de bon goût.

Brochet.

On peut élever le brochet dans des bassins, et même il faut employer ce moyen pour le multiplier sans danger pour les autres espèces, à cause de sa grande voracité. On le nourrira de poisson blanc, de grenouilles et de débris de viande.

A l'époque de la ponte, ce poisson s'éloigne des eaux profondes et va chercher des endroits tranquilles. M. Millet fait observer qu'on rencontre seulement les brochets par paires. Il sera bon d'organiser, dans les bassins où l'on désire les élever, des frayères artificielles avec des gazons et des branchages ou ramilles.

La femelle du brochet fait sa ponte du 15 février au 15 mars. L'éclosion des œufs peut avoir lieu à une température très-basse ; deux degrés au-dessus de zéro suffiront. Une femelle de grosseur moyenne donne pour le moins 60 000 œufs ; par conséquent, avec la ponte d'un petit nombre de femelles, on ensemencerait chaque année un fleuve tout entier.

On se sert avantageusement et facilement du très-jeune brochet pour la nourriture des espèces, à la condition que ces individus seront déjà assez âgés pour détruire cet alevin dont ils pourraient eux-mêmes redouter la dent plus tard, car sa voracité est proverbiale ; on sait qu'elle lui a valu le surnom de *requin d'eau douce*.

Carpe.

La carpe, poisson carnivore, qui habite indifféremment toutes les eaux, mais n'acquiert un goût délicat que dans les eaux vives, fraye de mai en septembre[1], et donne chaque année de 200 à 250 000 œufs ; 18 à 20 degrés de chaleur sont nécessaires pour l'éclosion. Le temps de l'incubation est court : au bout de trois jours on aperçoit les yeux du carpillon à travers les membranes de l'œuf, et l'éclosion se fait du sixième au septième jour.

Pour exciter la carpe à frayer, il faut avoir soin de la bien nourrir de débris de végétaux et de graines de toute espèce ; l'eau où elle vit doit avoir une température de 12 à 20 degrés.

La carpe, dit M. Millet, affectionne particulièrement les mares dont l'eau est complétement stagnante.

Pour favoriser la fraye de ces poissons, on organise des bassins ou pièces d'eau en cuvette ; les bords, en pente douce, doivent être garnis de végétaux aquatiques, et surtout d'herbes fines et résistantes, avec des gazons ou des

1. Nous ferons remarquer qu'on ne peut déterminer d'une manière fixe et absolue l'époque du frai, qui varie avec les lieux et les climats.

tertres présentant des racines déliées et dures. On peut aussi leur offrir des *frayères mobiles* formées de clayonnages de fascines, de balais de bouleau, de bruyère, etc., que l'on pose sur les bords en plans peu inclinés.

Les œufs de cette espèce adhèrent aux corps environnants. On pourra donc en récolter facilement une grande quantité, les enlever ainsi aux périls trop nombreux de nos rivières, et les transporter dans les appareils à éclosion.

La carpe se recommande d'une manière toute particulière à notre attention pour plusieurs raisons. Elle est remarquable par sa grande fécondité qui lui a valu le nom latin *Cyprinus*, tiré de *Cypris*, Vénus. Au point de vue de notre sujet, nous devons noter surtout que la carpe est, quant aux régions septentrionales de l'Europe, un véritable produit d'exportation. C'est en effet en 1504 seulement que Pierre Marshall l'introduisit en Angleterre, et en 1560 que Pierre Oxe la porta en Danemark. Ce sont là des faits intéressants pour nous; nous tenions à les citer pour prouver que les efforts des champions actuels de la pisciculture sont rationnellement encouragés par plus d'un précédent. Celui-ci n'est certainement pas un des moins rassurants pour l'avenir.

Chabot (*têtard bavard*).

L'époque de la ponte a lieu en mai et en juin; l'éclosion a généralement lieu au mois de juin. Ce poisson herbivore peut être très-avantageusement utilisé pour la nourriture des espèces carnivores[1].

1. Les espèces herbivores sont utilement employées, comme le chabot, à nourrir les carnivores, et principalement la truite et le saumon. Elles pondent habituellement dans les mois d'avril, de mai, et juin. Leurs œufs sont éclos à la fin de juin. Voici les noms de ces espèces herbivores : meunier; épinglier; véron: loche: goujon; dard ou vaudoise (éclosion fin d'avril); naze. Ces petites espèces

On sait que le chabot possède la singulière faculté et a même l'habitude de se grossir la tête en introduisant par aspiration dans ses ouïes une certaine quantité d'air. Quand il est irrité, il ne manque jamais d'avoir recours à ce procédé.

Gardon.

Le gardon, poisson herbivore, habite indifféremment toutes les eaux. Comme presque tous les sujets de cette espèce, il fraye pendant les mois de mai et de juin. Les frayères artificielles sont très-précieuses pour faire provision de ce poisson. Quand elles seront garnies d'œufs, on les fera flotter au moyen de liéges. Les œufs occupant la partie supérieure de la frayère et baignant suffisamment dans l'eau ne peuvent pas être atteints par les autres poissons et éclosent très-bien dans ces conditions, sans qu'on soit obligé de les déplacer.

Le gardon est un des poissons qui se conservent le plus longtemps dans l'eau après la mort; on prétend même que c'est de là que lui vient son nom.

Lamproie.

Jusqu'à présent, la lamproie, qui appartient à l'ordre des cartilagineux, n'était guère connue que par la délicatesse exquise de sa chair. Ce hideux et si singulier poisson est d'une voracité extrême. On devra donc s'en méfier quand on en aura dans ses bassins, bien qu'il ait la réputation de ne s'attaquer qu'aux animaux morts et autres débris.

La lamproie passe une bonne partie de l'année dans

offrent d'excellentes ressources pour la nourriture des truites et des saumons, puisqu'elles se reproduisent parfaitement dans les eaux qui conviennent aux salmonoïdes. On les fait pulluler facilement dans un cours ou dans une pièce d'eau, en leur préparant des pierres, des cailloux, des graviers.

les eaux douces des lacs, qu'elle ne quitte au printemps que pour remonter les fleuves qui s'y jettent. C'est alors principalement qu'on la trouve au fond des rivières, où elle se creuse une sorte d'entonnoir très-évasé au milieu duquel on l'aperçoit, attachée par son disque buccal à une grosse pierre. Dans cette position, il est assez facile, quand on en a l'habitude, de la harponner avec de petites fourchettes plates et barbées.

Quant au mode de reproduction de la lamproie, il était assez peu connu, quand, tout récemment, M. de Vibraye a publié dans les termes suivants le résultat de ses laborieuses et attentives recherches à ce sujet.

« Je désirais surprendre les secrets de la nature à l'endroit de la propagation de la lamproie; je crois être de plus en plus sur la voie. Grâce à l'assistance de M. Coste, qui vient de faire opérer l'autopsie de trois individus amenés par moi jusqu'au moment de la ponte (pour les femelles) et d'une fécondation problématique (pour les mâles), nous pouvons dès aujourd'hui connaître la conformation des organes de ces êtres extraordinaires, et j'ose presque dire *préjuger un accouplement.*

« Ne pouvant, sans risquer de léser les organes qu'il s'agissait d'observer, entreprendre par moi-même une dissection au moment favorable, je n'eus d'autre moyen que de faire périr instantanément dans l'alcool une lamproie femelle au moment de l'émission des premiers œufs, et deux mâles sur lesquels les organes générateurs me semblèrent le plus développés.

« Sans doute il eût mieux valu pouvoir opérer immédiatement l'autopsie; mais j'ai pensé que l'alcool conserverait les organes dans une intégrité qui permettrait encore des observations utiles.

« En effet on a pu constater :

« 1° Que l'abdomen de la femelle est garni d'une longue

et double série d'ovaires s'étendant le long de la région des reins; que ces ovaires s'ouvrent simultatément et permettent l'émission, la ponte en quelque sorte instantanée, de l'immense quantité d'œufs contenus dans le corps de la femelle;

« 2° Que chez les mâles, la longue et double série des ovaires est remplacée par un système de nombreux testicules rangés en double série symétrique occupant la même p'ace que les ovaires chez la femelle, le long de la région des reins.

« Ces nombreux testicules aboutissent à un long canal intérieur, terminé par un organe générateur externe qui n'apparaît toutefois extérieurement qu'à l'époque du développement et de la maturité des œufs chez la femelle.

« 3° Enfin, que les spermatozoaires renfermés dans la semence extraite des testicules présentent assez d'analogie avec ceux de certains reptiles, une sorte de tête oblongue et pointue, suivie d'un appendice caudal, ayant de six à dix fois sa longueur. »

Perche.

Poisson carnivore, et l'un des plus délicats de nos rivières, la perche fraye dans les mois de mars, d'avril et de mai. Durant l'incubation, 15 degrés au moins sont nécessaires aux œufs. On peut multiplier la perche sans avoir recours à la fécondation artificielle. Pour cela on cantonne dans une pièce d'eau une centaine de perches, mâles et femelles, en ayant soin de faucher les plantes aquatiques et de ne laisser çà et là que quelques bouquets qui deviennent des frayères naturelles, sur lesquelles, à l'époque de la fraye, on trouve des œufs flottants formant des sortes de *guipures;* on les ramasse, et on les met dans de petits paniers d'osier ou de toile métallique, pour qu'ils ne soient pas dévorés. Cette espèce, dont la femelle donne au moins 80 000 œufs par ponte, vit et se développe également bien dans toutes les eaux.

Mais, nous le répétons, il faut avoir égard aux conditions de température. Faute d'y avoir porté assez d'attention, nous avons perdu, en 1854, toute la récolte que nous avions faite à Versailles sur les bords de la pièce d'eau des Suisses, en compagnie de M. Millet, qui avait obtenu une autorisation spéciale. On ne doit pas oublier non plus que la perche est à redouter à cause de sa très-grande voracité. On ne la laissera donc jamais en compagnie d'espèces précieuses plus jeunes et auxquelles on tiendrait à quelque titre que ce soit.

Tanche.

La tanche est un poisson omnivore, qui se plaît et prospère dans d'étroits bassins aux eaux tranquilles et vaseuses. Une tanche de 6 à 700 grammes donne plus de 100 000 œufs, d'une teinte verdâtre, petits et non collants. Le mâle semble avoir, comparativement, moins de laitance que les autres poissons.

La tanche fraye en juin et en juillet. Quand on a convenablement fécondé les œufs de cette espèce, on les place dans un vase aux trois quarts plein d'eau, et dans le fond duquel on a mis une couche de *terre glaise*. Pour que cette eau, qu'on exposera au soleil, ne se gâte point, on aura soin de mettre dans le vase des plantes aquatiques. L'on donnera à cette eau vaseuse une température de 20 à 25 degrés. Du cinquième au sixième jour l'éclosion aura lieu. On conservera quelques jours ces tanches nouvellement écloses, semblables alors à de petites lignes noirâtres, et on les lâchera ensuite dans un vivier ou dans une rivière.

Truite.

L'époque des pontes, pour cette espèce, est en général d'octobre en février. Les truites remontent alors le courant à la recherche d'un lieu rapide, peu profond et éloigné du bruit. Quand elle a rencontré ces conditions, la femelle s'agite et déplace le sable et les graviers par ses mouvements. Cette pression fait échapper une certaine quantité d'œufs.

Le mâle, qui suit la femelle avec une sorte d'ardeur, bat l'eau de sa queue, la sature de sa laitance et féconde les œufs *au fur et à mesure* qu'ils sortent.

Lorsque la truite a terminé sa ponte, qui se fait en quelques heures si rien ne trouble cette opération, elle s'éloigne, abandonnant ses œufs au courant. Les *deux tiers*, au moins, se trouvent habituellement perdus; ils sont dévorés par les anguilles, les *chabots*, les *écrevisses* et les *truites* elles-mêmes. Ce n'est que par la pisciculture qu'on peut les sauver. Il faudra alors féconder soi-même les œufs, comme nous l'avons dit ailleurs.

Pour obtenir des œufs en parfaite maturité et arriver à de beaux résultats, il faudra tâcher de pêcher les poissons sur le lieu où ils frayent. Quand on aura saisi avec l'épervier les truites, mâles et femelles, on les fécondera d'après les règles que nous avons indiquées (pages 31 et suivantes). Lorsque les jeunes truites n'auront plus leur vésicule ombilicale, on pourra les jeter dans une rivière, et de préférence dans une rivière dont les eaux soient très-vives.

La truite, poisson carnivore, ne peut manquer de grandir rapidement dans presque *toutes* les eaux, pourvu qu'elle y trouve une nourriture suffisante. Mais les eaux qui peuvent la faire vivre ne sont pas également bonnes pour lui permettre de s'y *reproduire*. C'est pourquoi chaque année, dans les cas forcés, il faudra faire un nouvel ensemencement et avoir recours à la fécondation artificielle. Pour remédier à cet inconvénient et pour pouvoir tirer profit de l'élève du poisson, on fera construire des viviers destinés à la *multiplication* des truites. Ces viviers devront être beaucoup plus longs que larges. Le fond en sera soigneusement labouré à la bêche ou à la pioche, dans une épaisseur de 0m,32 au moins, puis foulé fortement soit avec une dame, soit, ce qui est plus expéditif, en y faisant piétiner des chevaux ou des bœufs. Sur le fond on pratiquera une rigole allant d'une extrémité à l'autre; on pourra même en ménager d'autres d'espace en espace le long de la rigole, qui aura 0m,15 de profondeur sur 1 mètre de largeur, tout au plus[1]. Les bords seront en talus; le fond devra offrir une légère pente depuis l'entrée de l'eau jusqu'à la sortie. Il faudra surtout avoir grand soin de rendre le cours d'eau qui alimente le vivier *accessible en tout temps* au poisson. De cette condition dépend le succès de l'élevage des truites.

Ce vivier, une fois construit, peut être empoissonné soit en se procurant, avant la saison du frai, des truites âgées d'au moins trois ans, qu'on déposera dans le vivier, et alors au mois d'avril suivant on y verra des bandes de petites truites; soit en fécondant artificiellement des œufs et en versant les truites dans le vivier, quand elles auront absorbé leur vésicule ombilicale et qu'elles seront capables de prendre la nourriture qu'on leur jettera. C'est ce que M. Coste pratique au Collége de France.

Les truites ne commencent à se reproduire qu'à l'âge

1. Voy. *Essai sur la multiplication des poissons par les méthodes naturelles et artificielles*, etc., par M. G. Sivard de Beaulieu. (*Annales de l'association normande.*)

de deux ans. Pour donner une idée de la rapidité avec laquelle croît ce poisson[1], voici un tableau que nous empruntons à M. Sivard de Beaulieu; il l'a dressé d'après ses propres observations :

	mètres.
Une truite de huit jours avait en longueur..	0,024
— de un mois..................	0,028
— de un an....................	0,117
— de deux ans.................	0,178
— de trois ans................	0,220

La voracité de la truite s'accroît avec sa taille. Aussi, pour avoir de belles truites, il faut les mettre en petit nombre dans un étang et les nourrir très-abondamment.

Le mode d'exploitation le plus convenable des truites est celui-ci : On déposera dans un petit vivier le poisson que l'on voudra vendre, et on le livrera au marchand au fur et à mesure du besoin; car la truite ne peut pas être transportée *vivante*, et le marchand qui achèterait en bloc toutes les truites d'un vivier de quelque étendue, se verrait exposé à des pertes considérables. Une partie de son poisson serait gâtée avant la vente. Si le propriétaire d'un vivier tient à ne livrer que de la marchandise de première qualité, qu'il ne pêche les truites que du 1er juin à la mi-octobre. Passé cette période, il devra cesser entièrement sa pêche, à cause de la saison du frai, après laquelle les truites ont une chair maigre et molle.

1. Même dans des conditions médiocrement bonnes la croissance a lieu. C'est ce qui a été constaté à Sèvres chez M. Regnault, de l'Institut. Des truites placées dans un bassin d'agrément, dont les eaux se renouvellent peu, ont atteint presque un poids de 1 kilogramme. Ce sont, à notre connaissance, les premiers produits de la fécondation artificielle qui aient été mangés en France.

CHAPITRE IX.

LA PISCICULTURE AU POINT DE VUE COMMERCIAL.

Grâce aux travaux des savants et aux expériences sans cesse répétées sur la pisciculture et la fécondation artificielle, un cours d'eau, un étang, un bassin quelconque peut être considéré comme un champ, rapportant d'autant plus qu'il sera cultivé avec plus de soins et plus d'intelligence. On en est arrivé à *faire* du poisson, à ensemencer les eaux comme on ensemence les champs, et à récolter les œufs et le poisson comme les agriculteurs récoltent les fruits de la terre. Supposons, dit M. Lamy, médecin à Maintenon, envisageant le côté commercial de la pisciculture, supposons une propriété traversée par une grande rivière, par l'Eure, si vous voulez, et par une autre plus petite, indépendante de la première et considérée comme rivière d'agrément, et non comme rivière de décharge : donnons à cette petite rivière 1 kilomètre de longueur et 3 mètres de largeur. Pour l'approprier à notre projet, il faudra disposer de distance en distance, au moyen de *bâtardeaux* convenablement faits et grillés, des compartiments de 100 mètres de long. Dans chaque compartiment, on établira çà et là des îlots d'herbes aquatiques qui serviront de refuge, de nourriture et de *frayère naturelle* au poisson. Le reste sera tenu très-proprement.

Dans le premier compartiment, un peu ombragé, on cantonnera les *truitons* et les *saumonneaux*, au fur et à mesure qu'ils pourront nager, et s'il plaît au propriétaire de se donner l'agrément de les nourrir quelque temps avant de les jeter dans l'Eure.

Dans le deuxième, qui sera sans ombrage, on mettra les élèves *carpes*, *tanches* et *barbeaux* que l'on aura obtenus, et que l'on voudra voir grossir un peu avant de les confier au courant.

Dans le troisième, on placera les petits *brochets*, que l'on nourrira si l'on veut comme les jeunes truites.

Dans le quatrième, dont les rives seront sans ombrage, on cantonnera une quarantaine de *carpes*, mâles et femelles, et autant de *tanches*.

On mettra dans le cinquième compartiment une centaine de *perches*, et plus si l'on veut.

Au sixième enfin, on confiera une vingtaine de *brochets*, mâles et femelles.

Le reste de la rivière sera abandonné aux gardons, aux goujons, qui aideront amplement, par leur fécondité de reproduction, à nourrir les espèces carnivores.

Ces poissons seront les *étalons* de l'établissement; ils seront chargés de fournir, chaque année, l'ensemencement nécessaire pour combler les vides et entretenir l'abondance. Les brochets et les perches seront nourris avec du poisson blanc ou des pâtées de matières animales; les carpes et les tanches, avec des débris de végétaux.

S'il est possible d'établir une chute d'eau dans cette petite rivière et d'en ombrager les rives, on pourra y nourrir avec succès, comme étalons, une centaine de truites, mâles et femelles. Tous ces poissons, destinés à la reproduction, devront être casés dans leurs compartiments, trois ou quatre mois avant l'époque du frai, afin qu'ils aient le temps de s'acclimater. Autrement, si vous les mettiez dans votre réserve quelques jours seulement avant le frai, le dérangement qu'on leur ferait subir alors et le défaut d'acclimatation feraient avorter la ponte.

A l'époque du frai de vos reproducteurs, vous n'aurez à surveiller que les brochets, les truites et les tanches, pour féconder artificiellement leurs œufs. Les perches, les carpes et les gardons feront cette besogne eux-mêmes; vous n'aurez qu'à sauver leurs œufs pour les mettre à l'éclosion, comme il a été dit plus haut, si vous craignez qu'ils ne viennnent à être détruits ou si l'eau ne présente pas une température convenable.

Ces dispositions prises, vous avez annuellement, avec le produit de ces étalons, de quoi rempoissonner largement un fleuve tout entier, et le calcul approximatif est bien simple à faire :

20 carpes et 20 tanches femelles vous donneront, terme moyen, chacune 60 000 œufs, soit 2 400 000.

50 perches donnent chacune un chapelet composé de 50 000, soit 2 500 000.

10 femelles brochets peuvent pondre 500 000 œufs.

Enfin, 20 truites peuvent en fournir 120 000.

Ces quelques étalons, cantonnés et entretenus à peu de frais dans cette petite rivière, vous donneront donc annuellement 5 520 000 petits poissons. N'allez pas croire qu'il y a là exagération; non, je mets les chiffres au plus bas, car beaucoup de ces poissons pondent deux ou trois fois plus d'œufs que je ne l'indique; mais il faut faire la part des pertes, qui pourtant seraient peu nombreuses, en prenant les précautions que l'expérience conseille.

Examinons maintenant la dépense qu'un pareil établissement peut occasionner par an. Pour que tout se fasse avec régularité et que rien ne soit négligé, il faut à votre service un pêcheur intelligent, dont les gages seront de 500 francs.

Pour alimenter les poissons, il faut au moins une tripaille de mouton par semaine, à 50 centimes, soit 26 francs; et 4 hectolitres d'orge, de pois ou de pommes de terre, à 12 francs l'hectolitre, soit 48 francs : en tout, 574 francs par an, sauf variation des cours.

Ajoutons à ces dépenses, pour ne rien négliger, ce qu'on appelle faux frais, et portons le chiffre de la dépense générale à 800 francs par an. C'est beaucoup; car, pendant une partie de la belle saison, on peut se dispenser d'acheter quoi que ce soit. L'homme que vous payez pour donner ses soins à vos poissons peut aller à la recherche d'une foule d'aliments convenables, que l'on trouve à chaque pas. Ainsi, les perches et les truites sont très-friandes de limaçons, de grenouilles, etc.; les carpes et les tanches, de débris de cuisine, de crottes de mouton, de vers, de hannetons, etc.

Si maintenant vous avez une pièce d'eau réservée, où vous vouliez engraisser des truites, des brochets et des carpes, voyons quel sera le produit de cette pièce d'eau, mesurant 1 hectare d'étendue.

Au commencement du printemps, vous jetez dans cette pièce, vide de tout poisson, environ 6000 truites, écloses depuis un mois. Pendant mars et avril, ces truitons se nourrissent d'animaux microscopiques, et d'un peu de pâtée qu'on renouvelle au fur et à mesure de la consommation.

Dans le courant du mois d'avril, les truites étant déjà grosses comme une épinoche, vous leur donnerez en pâture 5 ou 600 000 perches, que vous avez fait éclore dans la pièce d'eau même. Au mois de juin, vous ajoutez à ces perches 1 million de frai de carpes, de tanches et de gardons. Les truites, comme vous voyez, auront de quoi pâturer toute l'année, sans compter les millions d'insectes qui vivent dans l'eau ou qui y tombent chaque jour.

Au printemps suivant, vous recommencerez le même ensemencement, car plus des deux tiers des carpes et des tanches auront disparu. Vous remettrez encore 6000 nouvelles petites truites, dont un grand nombre sera dévoré par les premières ; mais quelques-unes échapperont à la mort pour se nourrir à leur tour des petites perches, des petites carpes ou des tanches que vous ajouterez aux premières, et toujours dans la même proportion.

Pendant quatre ans, vous répétez annuellement cette manœuvre, sauf à faire quelques vides, si la peuplade est trop nombreuse. Au bout de ce temps, vous commencez la pêche, qui, chaque année, devra vous donner à peu près le même produit.

Sur les 24000 truites que vous avez mises successivement dans votre étang, il ne faut compter que sur celles de la première et de la deuxième année. Au lieu de 12000, admettons qu'il s'en trouve seulement 4000 à 2 francs la pièce, soit 8000 francs, et je ne tiens compte ni des perches ni des quelques carpes qui ont survécu, et qui, bien nourries, doivent arriver, au bout de 4 ou 5 ans, à un poids supérieur à 15 et 1800 grammes.

Or, si une pièce d'eau d'un hectare d'étendue peut offrir de tels résultats, jugez des beaux revenus que pourraient rendre les étangs, les canaux de Rambouillet et de Versailles. Le moindre vivier, une simple mare peuvent donner un produit, si tout est bien disposé pour l'aménagement du poisson.

Si, au lieu d'appliquer ce système de reproduction à une seule propriété, chaque département faisait les frais de son application sur une partie de la principale rivière qui le traverse, ce véritable ensemencement, renouvelé tous les ans, mettrait la chair de poisson à un très-bas prix, et les rivières deviendraient pour l'alimentation publique une source inépuisable.

Ce ne sont pas là de vaines paroles : ce sont des chiffres. Qu'on médite sur ces conclusions, et qu'on se mette à l'œuvre [1].

1. Nous croyons devoir faire savoir aux amateurs de pisciculture, qu'ils trouveront des appareils de fécondation, d'incubation et d'éclosion, à la maison Kresz aîné (Blanchard, successeur), quai de la Mégisserie, 50, Paris. On trouvera des rigoles pour l'éclosion des œufs, chez Leune, fournisseur du Collége de France, rue des Deux-Ponts, 31, île Saint-Louis.

CONCLUSION.

Depuis quelques années déjà les pisciculteurs pouvaient non-seulement signaler des faits curieux, mais encore établir des principes certains.

Dès le 8 mai 1851, un rapport de MM. Berthot et Detzem constatait que l'expérience leur avait démontré :

1° Qu'on peut produire artificiellement autant de poisson qu'on veut;

2° Que l'établissement de Lœchlebrunn, à l'occasion et à la suite duquel on a créé Huningue, réalisait dès cette époque, sur une grande échelle, le fait de cette production;

3° Que tous les œufs bien fécondés peuvent éclore, et qu'en opérant comme il convient de le faire, le déchet ne dépasse pas 4 ou 5 pour 100.

Un second rapport des mêmes ingénieurs, portant sur des observations pratiques entreprises du 8 mai 1851 au 7 mars 1852, se résume ainsi :

1° Les boîtes de fer-blanc criblées de trous ne réussissent que pour certaines natures de poissons;

2° Les caisses en bois sont préférables ;

3° La lumière et la chaleur sont bienfaisantes pour les éclosions;

4° Les brusques variations de température sont nuisibles;

5° La présence du gravier est nécessaire pour l'éclosion de certaines espèces;

6° On peut acclimater en France un grand nombre de

poissons qu'on n'y possède pas, notamment les *silures* du Danube et les *lottes* du lac de Lucerne, qui ont très-bien vécu à Lœchlebrunn ;

7° Le fait du croisement des *saumons* et des *truites* est constaté ;

8° Les œufs peuvent être conservés pendant six semaines dans le sable ou dans la mousse humide sans que le germe meure ;

9° On peut facilement les expédier de Mulhouse à Paris par les voitures publiques ;

10° Enfin, rien ne s'oppose plus à ce qu'on se mette en mesure de distribuer des poissons vivants par terre et par eau d'une manière régulière.

Veut-on maintenant la preuve du succès des opérations qui ont donné lieu à ces observations déjà si judicieuses, si importantes et confirmées par des faits récents ?

Dans le tableau qui présente le résultat des fécondations et des éclosions, à partir du 6 novembre 1851, on trouve que, sur quarante-quatre expériences séparées, en se servant d'œufs et de laitance de poissons morts ou vivants, dans une période de temps variant uniformément entre 52 et 53 jours pour chaque lot, on a obtenu 722 600 œufs fécondés, lesquels ont donné plus de *sept cent mille* poissons vivants.

Arrivons à l'année suivante : nous avons sous les yeux l'original d'un *procès-verbal* d'éclosion de quelque cent mille œufs de saumons et d'environ 200 000 œufs de truites fécondés artificiellement et dont les produits ont été mis à l'eau.

Si nous arrivons à 1853, nous trouvons encore une pièce officielle. C'est un procès-verbal dressé le 26 décembre, à Linthal.

Il constate que ce jour-là même :

1° *Soixante-douze mille* œufs de féras ;

2° *Six mille* œufs de truites des lacs ;

3° *Deux mille* œufs de saumons,

ont été déposés dans un lac d'Alsace, et qu'ils provenaient tous de l'établissement d'Huningue, où ils avaient été fécondés.

Ont signé, MM. Kœffer, conducteur des ponts et chaussées ; Wagner, cantonnier, tous les deux attachés au service du canal du Rhône au Rhin ; Jongh, manufacturier à Lautenbach, et Schaffauser, garde-chasse au même lieu.

Pour ce qui concerne l'acclimatation des espèces qui nous manquent, nous pouvons citer un fait considérable, bien connu de tous et bien facile à vérifier.

En même temps qu'on tentait l'empoissonnement du lac supérieur du *bois de Boulogne* avec des truites et des saumons, comme nous l'avons dit plus bas, on y lâchait des silures du Federsée d'un poids moyen de 10 à 15 kilogrammes, comme expérience d'acclimatation.

Tous ces sujets sont venus à Paris dans des fourgons du chemin de fer de Strasbourg, que la compagnie avait mis avec beaucoup d'obligeance à la disposition de M. Coste. Des bassins portatifs avaient été installés à l'intérieur. Tout le long de la ligne, à chaque pompe d'alimentation des machines, l'eau était renouvelée. Les précautions avaient été, en somme, si bien prises, qu'on n'a pas perdu un seul poisson dans le trajet d'Huningue à Paris.

Du débarcadère, des camions ordinaires de l'administration ont immédiatement transporté les cuviers servant de piscines sur les bords du lac artificiel, dans le bois de Boulogne. Mais M. le ministre ayant désiré voir lui-même la mise à l'eau, on a dû attendre son arrivée avant de procéder à cet essai d'empoissonnement et d'acclimatation fait sur une certaine échelle.

A cinq heures du soir, cette première grande expérience a eu lieu aussi officiellement que possible, en présence de M. Magne, alors ministre de l'Agriculture, du Commerce et des Travaux publics; de MM. de Francqueville et Dubois, directeurs généraux des ponts et chaussées et des chemins de fer; Coste, de l'Institut, professeur au Collége de France; le docteur Hiffelsheim; Detzem et Chabot, attachés à l'établissement d'Huningue, etc. [1]

On a vu que, dans tout le cours de ce volume, nous nous sommes appliqué avec le plus grand soin à citer des *faits* et à donner autant que possible chaque fois les indications nécessaires pour que chacun puisse les vérifier. Nous n'avons certes pas la prétention d'avoir tout dit; qui pourrait d'ailleurs se poser ainsi en maître actuellement? Personne, nous pensons, et nous n'exceptons pas même M. Coste, que nous considérons cependant comme un des hommes les plus forts sur la question.

La science de la pisciculture ne fait pour ainsi dire que de naître; il lui faudra encore du temps avant qu'elle soit appelée à rendre des services appréciables dans la pratique, c'est-à-dire avant qu'elle fournisse sur nos marchés une assez grande quantité d'aliments supplémentaires pour faire baisser les prix et les ramener à la portée d'un plus grand nombre. A toute découverte, il faut le temps et la persévérance.

1. C'est au concours du Champ de Mars, on se le rappelle, que la première idée de ce projet a été conçue. C'est en causant avec M. Coste, qui avait exposé ses appareils du Collége de France, que l'Empereur résolut d'empoissonner ainsi le bois de Boulogne. On n'a pas perdu de temps depuis; nous pouvons même ajouter que les projets ont été en grandissant et qu'ils sont suivis avec une louable persévérance. En effet, cette année même plus de 50 000 jeunes ont encore été mis dans ces eaux, où l'on peut voir, à l'heure qu'il est, des truiteaux et des saumonneaux ayant déjà 10 et 12 centimètres de long. C'est là que nous renvoyons les personnes dont la conviction ne serait pas complète.

Accordons donc l'un et l'autre aux valeureux champions de la cause, et bientôt, il est très-permis de l'espérer, la pisciculture, bien entendue et bien appliquée, rendra des services qu'il serait déraisonnable de vouloir exiger tout de suite[1].

Les questions de fécondation et d'acclimatation gagnent chaque jour du terrain.

Ce volume était sous presse quand il nous a été donné de voir à la direction des eaux de Versailles les fameux silures importés d'Allemagne en 1851, et qu'on croyait bien perdus depuis quatre ans. Nous n'avons pas assisté aux pesées qui ont été faites; mais notre honorable secrétaire perpétuel de la Société d'agriculture de Seine-et-

1. Nous venons d'avoir tout récemment la révélation d'un fait assez important pour qu'il mérite d'être signalé ici, en attendant que nous puissions lui consacrer une plus large place dans une prochaine édition. Nous devons ces renseignements à l'extrême obligeance d'un savant consciencieux autant que modeste, M. Nicolet, ancien conservateur des collections à l'Institut agronomique de Versailles.

Il nous a assuré qu'avec MM. Agassiez, Vogts et Desor, dès 1836 et jusqu'en 1840, il était arrivé à faire des fécondations artificielles de truites, et qu'ils ont ainsi repeuplé le bassin supérieur du Doubs, au-dessus de la cataracte.

Ils ont d'abord opéré dans un saladier. Les œufs y étant mis, ils prenaient la laitance avec un pinceau et faisaient un véritable badigeonnage. Ils ont reconnu bientôt que l'eau était le meilleur véhicule. Quoi qu'il en soit, ils ont placé un grand nombre d'œufs fécondés dans des sacs à argent, les ont laissés suspendus dans l'eau, et ont ensuite lâché les jeunes sans prendre d'autres précautions. Ce qu'il y a de certain, c'est que depuis on a retrouvé des truites, et auparavant il n'y en avait plus du tout.

Ces messieurs ont été plus loin : ils ont fait des recherches dans les bibliothèques de la Suisse, et ils ont constaté que bien avant Spallanzani, dès 1730 (Spallanzani est né en 1729), un auteur allemand avait consigné, dans un livre que nous rechercherons, des observations desquelles il résulte que ce serait à lui qu'on devrait non pas la découverte, mais les premières pratiques de la pisciculture au XVIIIe siècle. Il est question de ces faits, nous assure M. Nicolet, dans l'*Histoire naturelle des poissons d'eau douce de l'Europe centrale*, par Agassiez, publiée par Baillière.

Oise nous a assuré dans un rapport écrit que l'accroissement des sujets avait été général et que l'un d'eux n'avait pas moins de 1^m,20 de long et 52 centimètres de circonférence ; il pesait 11 kilogrammes. Quant à la santé de ces individus, nous avons constaté avec un grand nombre de nos collègues qu'elle ne laissait absolument rien à désirer. C'est là un fait de plus que nous sommes heureux d'avoir connu assez à temps pour pouvoir le consigner à la fin de ce chapitre.

APPENDICE.

LISTE PAR ORDRE ALPHABÉTIQUE

DES PERSONNES QUI, TANT EN FRANCE QU'A L'ÉTRANGER ONT REÇU, SOIT DE L'ÉTABLISSEMENT D'HUNINGUE, SOIT DU COLLÈGE DE FRANCE DES OEUFS DE SAUMONS, DE TRUITES COMMUNES OU D'OMBRES-CHEVALIERS[1].

Envois faits en France.

* Mme la princesse BACCIOCCHI, au Vivier (Seine-et-Marne).

MM. BLANCHET, à Rives (Isère).

*BOREL DE BRÉTIZEL (colonel), au Vieux-Rouen, près Aumale.

BOUCHER DE LA RUPELLE (ingénieur en chef), à Nemours (Seine-et-Marne).

BRIANT, à Ponchardon, près Vimoutiers.

CAGNIART, pharmacien, à Chauny (Aisne).

*CARON (Charles), à Beauvais (Oise).

CARRIÈRE (colonel), à Mauzac (Haute-Garonne).

*CAUMONT (vicomte de), à Caen (Calvados).

CHARAMAULE, à Montpellier (Hérault).

CHASTEL, notaire, à Vieux-Montreuil.

CHOMEL, médecin.

CORBIÈRE (DE), juge, à Castres (Tarn).

DAVILLIERS, Édouard, à Gisors (Eure).

DEBLAYE, régisseur, à Oleerwiller.

*DEHAUSSY, à Péronne (Somme).

1. Le nom des personnes qui ont informé M. Coste du succès de leurs opérations est précédé d'un astérisque (*).

MM. *DESMÉ, commandant, au Puy-Girault, près Saumur (Maine-et-Loire).

DESVALLIÈRES, administrateur des messageries, à Paris.

DUCHÊNE, ingénieur, à Avignon (Vaucluse).

DURAND (baron), à Montpellier (Hérault).

*École (l') de Grignon (Seine-et-Oise).

*FALLOIS (DE), à Sommedieu (Meuse).

FROGERS-DESCHÊNES.

*GALBERT (comte de), à la Buisse, près Voiron (Isère).

GARDEL, à Bordeaux (Gironde).

*GILLOT.

GOBAL (Mme).

GRANDIN (Gustave), à Elbeuf (Seine-Inférieure).

*Haras (le) de Meudon, près Paris.

HERLINCOURT (D'), à Étrépigny (Pas-de-Calais).

HUVEY, à Moutier (Oise).

*JOHAN, conseiller d'État, à la Motte-Beuvron.

JOLY, à Londinières (Seine-Inférieure).

*JOURDIER (Auguste), à Versailles (Seine-et-Oise).

JULIEN, à Épinoy, près Enghien.

JULIER-ROGER, au château de Monteny.

LAC DU BALLON, de Guberwiller (Alsace).

LAMY, médecin, à Maintenon (Eure-et-Loir).

*LEPELLETIER DE GLATIGNY, au château d'Anet (Seine-et-Marne).

*LESPARE (duc de), à Grammont.

LORIOL, à Paris.

LUMIMEAU, à Paris, pour Ferrières en Gâtinais (Loiret).

*MALESSY (DE), au château de Maillebois.

*MONTAGNU (DE), au château d'Osmond (Orne).

*MORTEMART (DE), au château de Saint-Vrain.

*NOAILLES (le duc), à Maintenon (Eure-et-Loir).

MM. NOËL, à Cherbourg (Manche).
* PERRIER (Casimir), à Pont-sur-Seine (Aube).
* PETIPAS, notaire, à Sens (Yonne).
PETIT-HUGUENIN, à Nemours (Seine-et-Marne).
* POINT, notaire, à Saint-Chamond (Oise).
* POLÉON (vicomte de), en Sologne.
* POLIGNAC (comte de), à Mesnil-Voisin (Seine-et-Oise).
PORIQUET, à Montigny (Haute-Marne).
* PORLIER, sous-chef au ministère du commerce, à Paris.
* POUCHET, professeur de zoologie, à Rouen (Seine-Inférieure).
PRÉFET (le) de Loir-et-Cher, à Blois.
PRÉFET (le) de l'Isère, à Grenoble.
PRÉSIDENT (le) du comice agricole d'Alais (Gard).
* RAUPP (Albert), à Haulme (Seine-Inférieure).
* REGNAULT, membre de l'Institut, à Sèvres.
REMY, curé de Saint-Aigle (Seine-et-Marne).
* SÈRE, à Foix (Ariége).
* TOQUEVILLE (baron de), à Beaugy (Oise).
VERGERIN, à Luxeuil (Haute-Saône).
* VIART (vicomte de), à Brunauhauf, près Étampes (Seine-et-Oise).
* VIBRAYE (marquis de), à Blois (Loir-et-Cher).
VILARS (DE).
VINCENT, à Toulouse (Haute-Garonne).
WALUT, à Feuillancourt, près Saint-Germain en Laye.

Envois faits à l'étranger.

* BIESLER, conseiller d'Etat, directeur général de l'agriculture, à Munich.
DEFERRARI, médecin, à Gènes.

MM. Fischery, à Galway (Islande).
Grand-duc (le) de Bade.
*List, major, à Wurtzbourg.
*Mayor, médecin, à Genève.
Ollindon (lord W. H.).
Prince (le) de Furstemberg.
*Ranelay (lord), à Londres.
Scheisselhal, à Augsbourg.
Schissel (pêcheur de la cour), à Munich.

FIN DE LA PISCICULTURE.

L'HIRUDICULTURE

L'HIRUDICULTURE.

CHAPITRE PREMIER.

IMPORTANCE DE L'HIRUDICULTURE.

Nature de la sangsue.

Bien que cette seconde partie que nous offrons au public ne soit point une œuvre scientifique, mais plutôt un travail destiné aux industriels qui désireraient s'occuper de l'élève des sangsues, nous ne pouvons entrer en matière sans donner une idée de la nature de cette famille intéressante des annélides. Au reste, en parlant de la reproduction de la sangsue, nous nous étendrons sur quelques phénomènes jusqu'alors assez peu étudiés, et nous serons peut-être assez heureux pour relever quelques erreurs, pour donner des idées plus vraies sur les sangsues, et, par conséquent, pour aider les praticiens dans leurs travaux par d'utiles ou tout au moins de consciencieux conseils.

Les sangsues appartiennent à la classe des *apodes* de Blainville et des *annélides* de Lamarck. Elles forment une petite famille qu'on a désignée sous les noms d'*hirudinées* et de *sanguisugaires*. Tous les individus de cette famille « sont caractérisés par l'allongement et l'aplatissement de leur corps, et par un grand nombre d'anneaux ou d'articulations étroites qui servent à leur locomotion ;

par un disque musculaire, espèce de ventouse placée au dernier anneau de leur corps, tandis que la partie antérieure offre une autre ventouse au fond de laquelle est située la bouche. Celle-ci est armée de mâchoires qui sont au nombre de trois, et disposées en triangle. Au moyen de cet appareil, l'animal s'attache avec force sur le corps qu'il veut entourer. C'est au fond de la ventouse orale que commence le tube digestif des sangsues. Celles que l'on emploie fréquemment en médecine, et qui se montrent si avides de sang humain, entament facilement la peau au moyen de leurs mâchoires[1]. » Il résulte d'une lettre adressée tout récemment à la Société impériale zoologique d'acclimation qu'il existe en Amérique des sangsues offrant cette particularité précieuse, que le malade auquel on en fait l'application n'en garde *aucune trace* sur la peau, ce qui vient de ce que ces sangsues, au lieu de mordre, agissent par succion. Ce fait curieux est mis hors de doute par des expériences qu'un savant italien, Craveri, a faites sur lui-même. M. du Filippi a fait de ces sangsues un genre nouveau auquel il donne le nom de *hæmentaria*, et il en a décrit trois espèces, dont deux appartiennent au Mexique, tandis que la dernière est du Rio des Amazones ; le sang qu'elles sucent passe avec abondance dans l'œsophage et dans l'estomac, qui est remarquable par son ampleur, proportionnellement à la grandeur du corps.

Les sangsues digèrent très-lentement. Elles peuvent endurer très-longtemps la diète ; mais il est évident que, privées de nourriture, elles ne se développent pas aussi bien que quand elles sont nourries. Il est vrai qu'elles ne s'attachent qu'à des animaux vivants ; mais c'est à tort qu'on a soutenu qu'on leur offrirait en vain du sang ex-

1. J. Huot, *Encyclopédie moderne.*

trait d'un animal vivant, puisque M. Borne, intelligent éleveur de sangsues, dont nous allons parler tout à l'heure, ne nourrit ses sangsues qu'avec du sang apporté de la boucherie. D'autres industriels emploient ce même procédé, qui est bien plus économique, et plus humain surtout, que celui qui consiste à placer la sangsue sur un animal vivant, pour qu'elle opère sa succion.

L'emploi médical de la sangsue se répand chaque année de plus en plus, car aujourd'hui on se fait moins saigner qu'autrefois. Jadis le chirurgien sortait rarement sans sa lancette. Les barbiers, pour bien peu de chose, jouaient de l'instrument, et plus d'un médecin en faisait un abus ridicule : le docteur Sangrado n'est pas un mythe. Dans ces dernières années, la *ventouse* a cherché à détrôner la saignée, et elle a conservé quelque temps la vogue; mais aujourd'hui la sangsue a chassé la ventouse et la lancette, et son emploi thérapeutique est des plus répandus.

Malheureusement, la sangsue est un animal de prix. En Angleterre, elle se vend fort cher; dans les colonies européennes, elle vaut une pistole, et en France, le prix habituel est de vingt-cinq à soixante-quinze centimes. Certes, à ce prix-là, bien des malades doivent s'en passer. « Les bureaux de bienfaisance et même les hôpitaux, dans le but de diminuer leurs dépenses, ont laissé distribuer, soit des sangsues bâtardes, soit des sangsues d'un très-petit volume. Quelques administrations de bienfaisance ont même prescrit aux médecins d'être très-sobres d'un moyen si coûteux, et pourtant si souvent utile[1]. »

1. Ce sont là les propres expressions d'un savant médecin de la Rochelle, M. Sauvé, qui a fait une étude pratique très-approfondie de la question. Il a rédigé sur ce sujet un mémoire substantiel qui est en ce moment soumis à l'appréciation de la Société impériale et centrale d'agriculture et de l'Académie des sciences. En attendant qu'il ait paru, nous serons réduits à ne citer que les faits qui nous sont connus et sur lesquels M. Sauvé a bien voulu nous donner

De la sangsue du commerce.

Les sangsues marchandes sont : la sangsue *officinale* ou sangsue verte (*sanguisuga* ou *hirudo officinalis*); la sangsue grise (*sanguisuga* ou *hirudo medicinalis*). Chacune de ces deux espèces présente plusieurs variétés distinctes qui pourraient être classées :

1° D'après leurs bandes dorsales, tantôt continues, tantôt réduites à des points ou réunies par des mouchetures transversales;

2° D'après la couleur, d'ailleurs très-variable, de leur robe.

Il y a aussi la sangsue *truite* ou *dragon* (*hirudo troctina*) de Sardaigne et d'Afrique, qui, dans nos climats, souffre pendant les mois de chaleur; elle est alors moins propre à la succion et très-sujette à périr.

Toutes ces sangues viennent des marais de la Hongrie, de la Sardaigne, de la Suisse, de la Russie, de la Valachie, de la Turquie, de la Grèce, de l'Égypte, des provinces du Maroc et de l'Algérie. Les marais de l'Espagne, de l'Italie, du Tyrol, de la Bohême; un certain nombre de ceux de nos départements (Indre, Loir-et-Cher, Vienne, Deux-Sèvres, Vendée, Indre-et-Loire, Loire-Inférieure, Maine-et-Loire, Haute-Marne, etc.), qui avaient jusqu'alors pourvu à notre consommation, sont actuellement à peu près dépeuplés de ces annélides, à cause de la manière inintelligente dont la pêche des étangs et des marais a été conduite[1].

Ici nous ferons remarquer, avec insistance, qu'il

lui-même quelques détails; nous l'en remercions ici en établissant ses titres à la reconnaissance future de ceux qui auront l'occasion de profiter de ces observations.

1. Chevalier, *Dictionnaire des substances*, etc.

n'existe pas dans nos étangs de sangsues vraiment *venimeuses;* celles même qui ont été prises sur des corps *envenimés* n'ont jamais transmis le moindre venin[1].

L'industrie hirudicole et l'agriculture.

Dans notre première partie, au nom de l'alimentation publique, nous avons souvent répété qu'il y avait urgence de s'occuper de multiplier le poisson; maintenant, au nom du bien-être de tous, au nom des malades pauvres, nous demandons qu'on élève et qu'on multiplie les sangsues. Nous rappellerons à ce sujet que, dans de récents concours gouvernementaux, des efforts sérieux ont été avec juste raison encouragés. En 1853, à Rodez, M. Dénoc, vétérinaire du dépôt d'étalons, a reçu une médaille de bronze. « On sait, disait le rapporteur, combien sont devenues rares les sangsues, qui se recueillent d'ailleurs presque

1. Comme fait curieux et intéressant, nous croyons devoir signaler l'habitude qu'ont les sangsues d'annoncer, par des *pronostics* infaillibles, l'approche d'une tempête. Alors elles sortent de leur état d'engourdissement, s'agitent d'autant plus que la tempête sera plus violente, et tendent à s'échapper du vase qui les renferme.

M. Merryweather a eu l'heureuse idée de régler les mouvements excentriques des sangsues et d'en faire accuser les effets d'une manière plus marquée. Voici le mécanisme par lequel ce physiologiste distingué atteint ce but. Sur un banc ou sur une table sont disposées plusieurs bouteilles remplies d'eau en partie, et dont chacune contient une sangsue. Un tube en verre ou en métal verni plonge dans l'eau et communique à l'extérieur par le goulot. Ce tube est obstrué en partie par une petite tringle en baleine qui, à son tour, est articulée à un fil communiquant en dernier lieu au battant d'une sonnette. La sangsue, inquiétée par l'état électrique de l'atmosphère, suit son instinct et monte dans le tube; elle déplace donc la baleine, et le bruit de la sonnette vient nous mettre au fait de l'état de l'atmosphère.

Ce petit appareil a vivement excité l'attention des visiteurs de l'Exposition universelle de Londres, où nous l'avons vu souvent entouré par une foule de curieux empressés. Il y était très-connu sous le nom de *Pronostiqueur des tempêtes.*

toutes à l'étranger. Leur usage, tant recommandé cependant, est devenu par suite difficile. Il nous a paru que les efforts tentés pour l'éducation de ces annélides (idée nouvelle en cette région) méritaient l'encouragement que nous donnons à M. Dénoc pour les essais heureux qu'il a faits[1]. »

Pour nous, nous ne doutons pas, en ce qui nous concerne, que ceux qui s'occuperont de cette industrie ne soient amplement dédommagés, par les profits qu'elle leur donnera, de leurs premiers sacrifices et de leurs travaux. Cette industrie, loin d'être nuisible à l'agriculture comme on l'a dit, lui est au contraire favorable. L'éducation des vers à soie n'est-elle pas pour plusieurs départements de la France un exemple remarquable de ce que l'industrie, réunie à l'agriculture, peut ajouter de bien-être aux populations rurales? Dans les communes du département de la Gironde, où l'hirudiculture est pratiquée depuis plusieurs années, on remarque en effet une amélioration bien sensible dans la fortune de tous les habitants. Le salaire des ouvriers des deux sexes a presque doublé, et ils sont constamment occupés, les uns à la garde des bassins et des chevaux, les autres à la pêche ou aux travaux d'assainissement et d'entretien, qui sont incessants dans ce genre d'exploitation.

« L'élève des sangsues dit M. Vayson, en nécessitant, pour les nourrir selon les procédés de la Gironde, l'emploi d'un grand nombre de chevaux impropres à tout autre service, donne lieu à une production d'engrais tellement considérable, que par cela seul cette industrie devrait être considérée comme l'une des innovations les plus impor-

1. On a vu, page 96, que la Société impériale et centrale d'agriculture avait aussi encouragé un genre d'industrie qui rentre dans notre sujet, en donnant une médaille d'or à M. Guillou de Cancarneau pour travaux relatifs à la multiplication des homards et des langoustes.

tantes et les plus utiles qui aient surgi en faveur de l'agriculture. »

Nous ne trouvons pas que la raison donnée là par M. Vayson soit la meilleure de celles qu'on peut indiquer. Nous préférons de beaucoup citer l'exemple du *créateur* de l'hirudiculture dans les environs de Bordeaux, M. Béchade, qui, de petit cultivateur qu'il était, est devenu millionnaire en transformant de maigres marais, où il ne récoltait que de mauvais joncs, à peine de quoi payer ses 300 francs de loyer, en de magnifiques barrails, qu'il loue aujourd'hui à son même propriétaire, M. Pichon, au prix de 25 000 francs!

Enfin, sortant des faits privés, nous indiquerons le fait général de la transformation, aux environs de Bordeaux seulement, de 3000 hectares de mauvais marais donnant aujourd'hui un mouvement commercial d'environ 40 millions de francs.

Progrès de l'hirudiculture.

Grâce aux publications faites sur les sangsues, et sur les moyens de les élever, par MM. Moquin-Tandon, Vayson, Levieux, Masson, Boudard, Soubeiran, Permont, Laigniez, Rollet, etc., etc., et aux travaux persévérants de quelques intelligents éleveurs, tels que MM. Béchade, Wilman, Devès, Franceschi, etc., cette industrie est en bonne voie.

Parmi les éleveurs de sangsues, l'un de ceux qui ont le plus fait pour cette industrie, basée sur des procédés artificiels, est sans contredit M. Borne de Saint-Arnoult (Seine-et-Oise). Doué d'un grand esprit d'observation, cet homme, aussi modeste qu'intelligent, a su, en quelques années, créer un établissement qui peut être pris pour modèle. Tel est l'éloge qu'en fait M. Soubeiran à ses collègues de l'Académie de médecine, dans sa *Notice sur le marais à sangsues de Claire-Fontaine.* M. Soubeiran a écrit avant nous sur ce sujet; nous ne pouvons qu'ajouter notre éloge au sien, et notre voix à la sienne, pour louer la constance et la sagacité peu communes qu'il a fallu à M. Borne pour vaincre les difficultés qui entouraient les commencements de son établissement. Nous ne saurions, non plus, trop le remercier des judicieux renseignements qu'il nous a donnés sur les lieux mêmes, quand cette année nous avons visité ses marais, où pullulent maintenant des myriades de sangsues pleines de vie et de santé, et douées d'un excellent appétit, qualité la plus précieuse qu'elles puissent avoir pour la thérapeutique[1].

Faisons connaître maintenant quels sont les procédés les plus rationnels et les plus sûrs pour arriver à de bons résultats, et passons en revue successivement :

1° Les marais à sangsues, naturels ou artificiels;

2° La reproduction, l'élève et l'hygiène des sangsues;

3° La pêche et le transport des sangsues.

1. Ceux qui ne seront pas à même de visiter l'établissement de M. Borne pourront se renseigner près de lui à l'Exposition universelle, où, sur une petite surface d'un mètre, il a pu donner un spécimen très-intelligent de tout ce qui intéresse la question. L'exposition de M. Borne se trouvait tout à côté de celle de M. Coste. Depuis elle a été transportée dans la galerie de jonction, côté ouest, entre les colonnes 64 et 65 D, comme nous l'avons déjà dit ailleurs.

CHAPITRE II.

LES MARAIS A SANGSUES.

Choix du terrain.

On peut, si on le veut, élever des sangsues dans un simple bassin de pierre, sans avoir recours à un marais, et tout à l'heure nous décrirons celui de M. Sauvé, qui peut donner une idée de cette méthode; mais cette exploitation restreinte ne donnera jamais que des résultats limités, si cet exemple n'est pas suivi par un grand nombre de praticiens. Aussi, tout en faisant connaître ce procédé, utile certainement pour bien des personnes qui voudraient se livrer à l'élève des sangsues pour leur agrément, pour leur satisfaction personnelle ou par amour de la science, nous conseillerons à celles qui veulent tirer profit de l'industrie des sangsues plus en grand, de suivre une autre méthode, sur laquelle nous allons nous étendre aussi. Mais voyons d'abord les conditions générales auxquelles on doit avoir égard dans tous les cas.

Les terrains les plus favorables à l'élève des sangsues sont sans contredit les *marais naturels*. L'humidité de ces terrains plaît aux sangsues, et la tourbe, amas d'herbes et de racines qui existe dans ces lieux à une grande profondeur, leur sert de refuge, l'été contre la chaleur, l'hiver contre le froid.

Ces annélides d'ailleurs sont, comme l'on dit, plus terrestres qu'aquatiques, et, si l'eau leur est indispensable pour qu'elles puissent s'élever, poursuivre, et attaquer leur proie dans les mares naturelles où elles vivent, dans la terre s'accomplissent les phases les plus critiques de leur vie : c'est là qu'elles changent d'épiderme, qu'elles digèrent, qu'elles pondent, qu'elles placent leurs cocons et que ces cocons se développent. Aussi M. Bo de Saint-Arnoult dépose-t-il, dans les temps de gelée, les sangsues qu'il destine au commerce dans de larges baquets pleins de terre humide, de tourbe, de gazon, dans lesquels s'enfoncent les sangsues et où elles vivent et prospèrent à merveille.

Une forte couche de limon, recouverte de plantes aquatiques, remplace la tourbe, et constitue pour les sangsues un milieu où elles peuvent vivre et où elles vivent en effet comme dans le bassin de pierre de M. Sauvé, par exemple.

Nature des eaux.

Les eaux doivent être semblables ou analogues à celles des mares où vivent naturellement les sangsues, stagnantes et tièdes. Elles ne doivent renfermer aucune substance irritante. Par conséquent, avant de commencer les travaux de terrassement qu'un marais nécessite, les industriels doivent faire analyser leurs eaux avec soin. Si elles sont alcalines ou acides, ils devront ne plus songer à les employer, en choisir d'autres, ou, s'ils ne le peuvent, abandonner l'organisation d'un marais qui deviendrait pour eux une cause de ruine.

Même recommandation à l'égard des eaux thermales, ou de celles qui auraient traversé des terrains imprég d'*oxyde de fer* ou de toute autre substance minérale Cette remarque de M. Moquin-Tandon s'est constamment justifiée dans la pratique.

Les éleveurs qui ne peuvent disposer que d'eaux de

sources, ou d'eaux en général trop vives, devront les tenir longtemps enfermées dans un bassin spécial exposé au soleil, afin de leur faire perdre leur crudité avant de s'en servir. Les eaux tièdes et stagnantes sont, comme nous l'avons déjà dit, celles qui conviennent le mieux aux sangsues. Cependant, s'il faut en croire M. Vayson, les eaux vives conviennent merveilleusement à la *purification* des sangsues qui ont atteint la croissance voulue et qui sont destinées à la consommation. Il dit, à ce sujet, qu'une longue pratique lui a démontré « que les sangsues qu'on jette dans les bassins remplis d'eau pure et limpide, alors que leur digestion est déjà avancée, ne tardent pas à acquérir une vigueur et une avidité que ne peuvent avoir les sangsues restées dans les eaux si épaisses des marais du bord du fleuve. »

Les *eaux pluviales* sont très-favorables à la prospérité des hirudinées. Il ne peut en être autrement, puisque les mares naturelles, où l'on pêche les sangsues, sont formées assez généralement par ces eaux.

Les eaux des marais à sangsues devront être *tranquilles*; car la sangsue médicinale, quoique douée d'une assez grande force musculaire, nage mal, avec peine, et, abandonnée à elle-même, ne se rencontre jamais dans les eaux courantes, si ce n'est accidentellement.

On voit par ce court exposé qu'il n'est pas un département de la France qui n'ait dans son étendue un terrain réunissant les conditions requises pour l'élève des sangsues. Mais nous ferons remarquer avec M. Vayson qu'aucune personne ne doit entreprendre cette industrie sans avoir la libre disposition des eaux et sans être propriétaire du terrain. Autrement, d'innombrables tribulations l'arrêteront dans son œuvre.

Aux conseils pratiques que nous venons de donner nous ajouterons quelques faits. Ils serviront d'exemple et d'enseignement à tout industriel qui voudra établir et organiser un marais à sangsues.

Organisation du marais.

Les marais à sangsues, que l'on peut d'ailleurs disposer selon la nature des lieux ou selon son bon plaisir, ne doivent pas être trop étendus. S'ils le sont trop, comment exercer cette surveillance de tout instant qu'ils réclament? Comment poursuivre les ennemis si nombreux des sangsues? Comment enfin lutter contre les maraudeurs, contre le vol, que M. Vayson appelle la plaie des marais de la Gironde? Avec quelques hectares, on pourra largement exploiter l'industrie des sangsues, et en même temps donner aux élèves les soins qu'elles réclament incessamment.

Les anciens marais à sangsues de la Gironde étaient desséchés une partie de l'année. M. Vayson, praticien distingué, auteur d'un Guide pratique des éleveurs de sangsues, auquel nous empruntons d'intéressantes observations, fait séjourner continuellement les eaux dans les marais qu'il a créés. Il a compris qu'il fallait donner à ces annélides la terre et l'eau, double élément nécessaire à leur prospérité. Au milieu de ses marais, de nombreux îlots couverts de plantes aquatiques ont été ménagés; là les sangsues trouvent un refuge assuré et tranquille. M. Sauvé emploie les mêmes moyens, et nous disons à la louange de M. Borne que, depuis huit ans, il met en usage le même procédé: il a compris tout de suite que les sangsues doivent être placées dans les conditions où naturellement elles se développent le mieux.

Il est très-important que le *niveau de l'eau* soit toujours à peu près le même. Cette mesure doit être surtout observée en été, vers le mois de juillet, quand les sangsues déposent les cocons; car elles les placent à 10 ou 20 centimètres au-dessus de la surface de l'eau, et, si le niveau de l'eau augmentait à l'époque des pontes, les cocons seraient inévitablement submergés et perdus.

Une observation aussi très-importante est celle qui est relative aux moyens d'empêcher la fuite des sangsues. Le meilleur est celui qu'emploie et que propose M. Vayson; c'est aussi le plus économique. Il consiste à entourer les bassins d'une enceinte profonde de sable. Les petits grains de quartz dont le sable se compose, taillés à angles aigus, à bords tranchants, blessent la peau délicate des sangsues qui voudraient fuir à travers le sable, et les forcent à rester dans ce qu'on appelle alors un *barrail*, c'est-à-dire une surface rectangulaire entourée d'un fossé qui sert à amener ou à retirer les eaux.

Les bassins ou barrails dont l'ensemble forme ce qu'on appelle un *marais* peuvent être organisés selon les vues de chaque propriétaire. M. Vayson destine le plus vaste à la nourriture et à la ponte, et les autres à l'abstinence la plus sévère et à la purification. Dans la Gironde, les propriétaires de marais à sangsues, que nous avons à peu près tous visités cette année, sont toujours tenus d'avoir un vaste bassin pour la nourriture, puisqu'ils nourrissent leurs élèves sur l'animal vivant, qu'ils font promener dans le marais. Ils ont pour cela, comme on le verra plus bas, de vieux chevaux hors de service. Il ne s'en consomme pas pour moins de 80 000 fr. par an, rien que dans les environs de Bordeaux. M. Chevalier, dans son récent rapport à la Société d'encouragement, porte le nombre de ces chevaux à 1 500 seulement; nous croyons ce chiffre un peu au-dessous de la vérité. M. Borne, qui emploie pour nourrir ses sangsues un autre procédé [1], a disposé son marais d'abord en vingt-quatre bassins ou

1. Voy. chap. III, *Élève et hygiène des sangsues.*

petits barrails, dont le nombre s'est augmenté chaque année. Aujourd'hui on en compte trente-six. Les plus vastes ont trois mètres de largeur. La surveillance est aussi beaucoup plus facile dans ces étroites mares que dans les larges bassins du Midi.

Bassin en pierre du docteur Sauvé.

Au milieu d'une cour large de sept mètres et longue de cinq mètres, dont le sol est couvert par de larges dalles cimentées avec un mortier de chaux hydraulique, s'élève un bassin circulaire I F E, de 2^{m},88 de diamètre. Les parois E de ce bassin, faites en briques et en ciment, sont élevées à 0^{m},66 de hauteur, et couronnées par des pierres de taille qui font une saillie de 0^{m},02 en dehors et de 0^{m},04 en dedans.

La légende suivante fera tout d'abord comprendre les principales dispositions de ce bassin :

A, bassin central;

B B B B, bassin entourant le premier;

C C C C, ouvertures de communication;

D, paroi de séparation centrale;

E, couronnement circulaire général;

F, épaisseur de cette même paroi circulaire;

G, paroi des séparations rayonnantes;

E H F, pointillé indiquant la ligne de passage du conduit d'écoulement du bassin central au dehors, qu'on voit à nu dans la coupe sur E F;

I I I I, conduits inférieurs propres à chaque bassin. Pour F F de la coupe, les deux parties blanches qui font hernie représentent les points de sortie, 1° supérieurement du trop-plein, 2° inférieurement des décharges des bassins aux points I I I I du bassin vu à vol d'oiseau;

K K feuille de tôle plombée à dentelures.

Au centre, M. Sauvé a fait disposer, entre quatre pierres de taille D, un espace A, de 0m,33 carrés. De chacun des quatre angles de ce carré part une cloison G en briques et en ciment qui va à la circonférence E, d'où il résulte que le bassin se trouve divisé en quatre grands

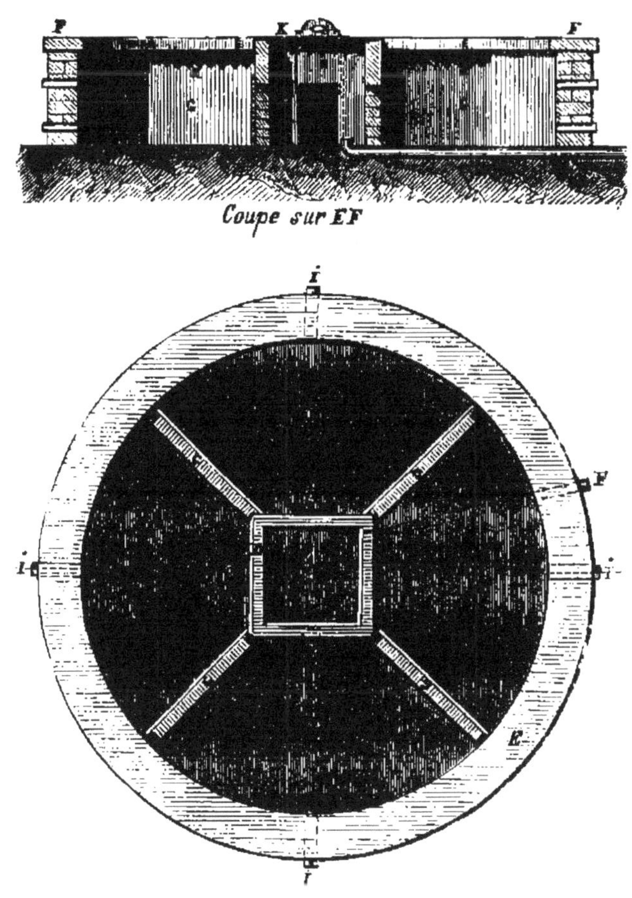

Fig. 25. Coupe et plan du bassin à sangsues de M. le docteur Sauvé, de la Rochelle.

compartiments BBBB, plus un cinquième A, qui est central et beaucoup plus petit, et qui joue pour les compartiments B le rôle de principal organe circulatoire. En effet, ce carré central A communique à l'extérieur relatif B par les joints CCCC, à l'aide de la trappe à coulisse I, vue levée dans la coupe E F ; à sa partie inférieure se trouve en E un conduit de plomb, garni de toiles métalliques à son orifice, et qui peut servir à le vider (voir la coupe suivant E F). Au milieu de chacune de ces parois latérales D se trouve une porte double, d'un côté en toile métallique et de l'autre en bois plein, de manière que ce passage puisse être ouvert et fermé à volonté. C'est par ces trous ou ces portes que l'eau mise dans le compartiment central pénètre dans un ou dans tous les compartiments de la circonférence. On comprend également que l'eau d'un seul ou de tous les compartiments peut être enlevée si on la laisse refluer dans le bassin du centre, qui, comme on le voit, sert tantôt à donner l'eau, tantôt à la recevoir : la partie A est donc, on peut le dire, le *cœur* des bassins. En outre de cette communication avec le bassin central, chaque compartiment est pourvu de deux tuyaux en plomb : l'un à sa surface inférieure, pour l'évacuation complète ; l'autre à 25 centimètres de son bord supérieur, qui permet de le vider par déplacement et d'établir, si l'on veut, un courant de bas en haut. Pour cela il suffit de verser l'eau au centre : elle pénètre par les passages de communication dont nous avons parlé ; comme elle cherche à prendre son niveau, ses couches inférieures s'élèvent successivement pour s'écouler par le conduit supérieur, et elle peut se trouver ainsi complétement renouvelée sans qu'il se produise nulle part de trouble ou de perturbation sensibles.

La construction de ce bassin est des plus simples et réunit, nous le pensons, tous les avantages désirables pour le mouvement des eaux dans chacun des compartiments. Voyons maintenant les autres dispositions qui ont été prises par M. Sauvé pour donner aux sangsues un milieu qui leur convienne, et où elles puissent, tout restant captives, trouver les avantages qu'elles rencontrent dans les marais naturels.

Au fond de chacun des quatre compartiments, on a placé une couche de terre argileuse prise dans les marais ; cette couche est parfaitement préparée et épaisse de $0^{m},15$. Aux deux angles extérieurs sont disposées deux grosses mottes, enlevées à la surface d'un marais tourbeux. Ces mottes ou mottines plongent à moitié dans l'eau : leur partie supérieure est couverte de carex qui viennent parfaitement, et dont il faut châtier quelquefois la trop active végétation.

La partie immergée repose sur l'argile ; la partie non immergée est toujours humide par *capillarité ;* elle forme un *îlot*, refuge où les sangsues viennent déposer leurs cocons.

Le fond des bassins, outre les mottines qu'il supporte, sert encore d'appui à des végétaux aquatiques, tels que la *chara vulgaris* et *hispida*, l'*alisma plantago*, l'*hydrocharis morsus ranæ*, la *potentilla reptans*, etc. Ces végétaux ont l'avantage de servir d'asile aux sangsues et d'empêcher l'eau de se corrompre, puisque M. Sauvé a pu en garder pendant plus de trois ans sans la changer.

Le bassin est recouvert de toiles métalliques à larges mailles. Ainsi les sangsues ont autant d'air qu'il leur en faut, sans être exposées cependant à la chute des corps étrangers.

De plus, tous les bords sont garnis d'une feuille de tôle plombée, comme on le voit en KI et K. Ces feuilles dépassent les bords de $0^{m},03$ et présentent des dentelures recourbées à angle droit, qui sont tellement efficaces que jamais une seule sangsue n'a pu s'échapper.

Bien que réunis, ces quatre bassins sont en définitive indépendants. L'eau peut y être maintenue à des hauteurs variées, et permettre toutes les expériences désirables.

En résumé, voici les avantages que présente le bassin de M. Sauvé :

1° Facilité on ne peut plus grande de manœuvrer, tant pour la conservation que pour la manipulation qu'exigent l'éducation et le commerce des sangsues ;

2° Réunion de toutes les conditions hygiéniques que trouvent les sangsues dans les marais naturels ;

3° Absence complète de toutes les causes de destruction qui se rencontrent dans les marais naturels, car les sangsues se trouvent ici à l'abri de tous leurs ennemis ;

4° Dispositions aussi favorables que possible pour la reproduction, aucun des cocons déposés dans la tourbe n'étant exposé à être submergé, desséché ou mangé.

Un bassin ainsi disposé, dit M. Sauvé, permettrait à tout établissement de bienfaisance d'avoir sous sa main un nombre de sangsues bien plus que suffisant pour son service journalier, et cela sans qu'il en coûtât la moindre dépense, si ce n'est celle de la construction.

Marais naturels et artificiels.

Marais de M. le docteur Sauvé, de la Rochelle.

On pourrait employer pour l'élève des sangsues les grands marais naturels qui en produisent. Il suffirait alors d'emprisonner les sangsues dans ce marais, d'en faire venir d'autres pour augmenter sa population, enfin de préposer un garde à la surveillance et à l'exploitation. C'est ce que fit M. Sauvé en 1851. Il obtint ainsi de très-grands résultats.

Il afferma un assez vaste marais contenant 70 hectares de superficie et produisant naturellement des sangsues, qu'une pêche acharnée avait presque toutes détruites. Ayant pris la résolution de le peupler de nouveau,

M. Sauvé fit venir des sangsues de diverses contrées, d'Afrique, de Hongrie, de Syrie, de Géorgie; il y ajouta des sangsues indigènes, vertes, grises et bâtardes, et mit le tout, c'est-à-dire près de *cent mille* hirudinées, dans ce vaste marais. Toutes y vécurent et y prospérèrent; elles donnèrent des cocons dès la première année. Mais les inconvénients des marais naturels subsistaient : deux années de pluie causèrent dans l'exploitation de M. Sauvé les plus grands désordres ; les eaux accrues permirent aux sangsues de s'enfuir; un très-grand nombre disparut[1].

Éclairé par ce désastre, M. Sauvé chercha un autre terrain plus favorable. Un ancien marais salant, parfaitement conservé, situé dans une vallée à fond argileux, à deux ou trois kilomètres de la Rochelle, lui parut réunir les conditions désirables pour faire de nouvelles tentatives. Ce marais salant contient 2 hectares 60 centiares, et représente trois longs parallélogrammes, trois grands bassins, toujours submergés, et séparés les uns des autres par des levées de terre de 10 à 15 mètres de superficie.

Ces grands bassins furent divisés en d'autres petits bassins ou barrails, au moyen de fossés plantés d'arbustes, tous communiquant entre eux par des vannettes, M. Sauvé réalisa en grand ce qu'il avait fait en petit dans

1. C'est pour se mettre à l'abri de ces désastres que tous les marais importants des environs de Bordeaux sont pourvus de puissantes machines à manége qui retirent l'eau en excès. Ici c'est une vis d'Archimède, là une noria, ailleurs une sorte de roue de moulin portant des vases pivotants comme les siéges des escarpolettes qu'on voit dans les fêtes publiques, les uns se remplissant quand les autres, arrivés au sommet du cercle parcouru, se vident pour aller dans un canal de décharge voisin. C'est ce système que M. Franceschi a adopté dans son marais de Laroque, soit pour empêcher les cocons d'être submergés, soit pour éviter les accidents que nous venons de signaler.

son bassin en pierre. Un canal qui longe son établissement lui permet de tenir toujours l'eau de son marais au même niveau, à 15 ou 20 centimètres au-dessus du sol.

Dans les petits marais, les sangsues trouvent une nappe d'eau mince, et dans les fossés une eau plus profonde ; si elles veulent sortir de l'eau et se promener sur le sol humide, elles trouvent dans les nombreuses petites digues des surfaces solides. Quand le moment de la ponte est venu, elles déposent leurs cocons sur ces digues, où rien ne vient les déranger.

Nous avons déjà dit un mot du marais à sangsues de M. Borne, dont l'établissement peut, selon M. Soubeiran et suivant nous, servir de modèle. Nous allons faire connaître la série d'expériences par lesquelles cet intelligent industriel est arrivé à fonder cette exploitation.

Marais de M. Borne, à Saint-Arnoult et à Claire-Fontaine, près Rambouillet (Seine-et-Oise).

Faisant le commerce de l'épicerie à Saint-Arnoult, M. Borne avait chez lui, comme tous ses confrères des petites villes de campagne, un dépôt de sangsues qu'il revendait en détail. Il les conservait, comme la plupart des marchands, avec assez de soin, et en perdait néanmoins un grand nombre chaque année. Pour remédier à ce mal, il résolut, dès 1845, de chercher un autre mode de conservation des sangsues, mieux approprié à la nature de ces annélides. Dans son jardin, voisin de sa demeure et bordé par la rivière de Saint-Arnoult, la Rémarde, il construisit un bassin ou vivier en pierre et en ciment romain, de $1^m,50$ de large et de $2^m,50$ de long. Le fond de ce bassin, formé de tourbe, fut planté d'herbes aquatiques, et servit de point d'appui à deux élévations de terrain plantées d'arbustes, exposées l'une au sud, pour que les sangsues pussent se chauffer au soleil; l'autre au nord, afin qu'elles y trouvassent l'ombre et le frais en été.

Quatre cents *vaches*, ou grosses sangsues, déposées dans la petite mare, firent des cocons la première année; car l'année suivante M. Borne trouva dans son étroite enceinte de toutes jeunes sangsues.

Encouragé par ce premier résultat, et connaissant déjà, à force d'observation et de patientes études étayées par des souvenirs du pays (M. Borne est du Midi), quelques-uns des besoins de ces hirudinées, il résolut d'agrandir son exploitation. Une mare de 30 mètres de long et de 9m,40 de large fut creusée à côté du bassin primitif, dans son jardin. Il y planta des herbes aquatiques, y jeta de nombreux îlots couverts de plantes, et à plusieurs reprises y mit près de 6000 sangsues marchandes. Comprenant que le phénomène de la reproduction était pour lui le plus utile à étudier et à connaître, s'il voulait arriver à grossir la population de son marais, il construisit une fosse demi-circulaire, beaucoup moins étendue que le marais, et jeta 500 vaches dans ce nouveau compartiment.

Puis il se mit en observation. Privé des enseignements de la science et n'ayant d'autre guide que son intelligence et ses souvenirs, M. Borne parvint à connaître les habitudes des sangsues. « Il observa leur accouplement, dit M. Soubeiran, vit où elles déposaient de préférence leurs cocons, assista à la naissance des petites sangsues, s'essaya à les nourrir dans leur premier âge, apprit à régler les repas pour la qualité et la quantité, suivant la taille et la santé des annélides. Les résultats n'étaient pas encore bien fructueux; mais à ce moment M. Borne en savait assez pour risquer une entreprise sur une plus grande échelle. Il avait tiré de ses bassins d'essai tout ce qu'ils pouvaient produire. »

Il les abandonna donc, et choisit une vallée à une lieue environ de Saint-Arnoult, dans la commune de Claire-Fontaine. Quant à ses bassins d'essai, il avait remarqué que les sangsues y croissaient avec une grande lenteur et qu'elles y maigrissaient rapidement. Cela tenait à la nature des eaux, trop vives pour les hirudinées, qui ne se plaisent et ne prospèrent que dans les eaux tièdes et stagnantes. Rappelons en passant ce que disait M. Vayson à ce sujet[1]. Sa pratique se trouve être semblable à celle de M. Borne, qui se sert aujourd'hui de ses premiers bassins seulement comme de réservoirs pour la vente au détail. M. Borne affirme aussi que les sangsues acquièrent bientôt dans ces eaux vives et un peu crues un excellent appétit. Nous avons constaté plusieurs fois le fait avec lui; nous appelons donc l'attention des praticiens sur cette particularité.

Le fond de la vallée choisie par M. Borne pour l'établissement d'une plus grande exploitation est humide et tourbeux. Il lui a suffi de creuser le sol pour avoir des bassins toujours remplis d'eau à un niveau constant, puisque l'eau se trouve naturellement dans cette vallée au niveau du sol, sous l'herbe. M. Borne a aujourd'hui, comme nous l'avons déjà dit, trente-six bassins, espèces de mares naturelles où croissent le *nénufar*, le *plantain d'eau*, l'*iris*, la *chara*, le *trèfle d'eau*, etc., et où vivent la salamandre, la grenouille, l'hydrophile, etc. Ces bassins couvrent une étendue de terrain d'un hectare. Les nouveaux bassins que construit M. Borne ont une forme demi-circulaire. Ils ont une longueur de 18 mètres sur 2 de large, et sont séparés entre eux par un chemin couvert de sable, ce qui empêchera les sangsues de passer d'un bassin dans un autre, et rendra en même

1. Voy. notre chapitre Ier.

temps la surveillance et la pêche d'une extrême facilité.

Petits marais d'étude de M. Borne.

Notre fig. 27 représente exactement les petits marais que M. Borne a imaginés pour faciliter l'étude des mœurs des sangsues. C'est un bassin pareil qu'il avait exposé au concours du champ de Mars, en 1854. C'est le même qu'il a mis cette année à l'Exposition universelle, à côté du pilier 55 D de l'annexe. Il ressemble

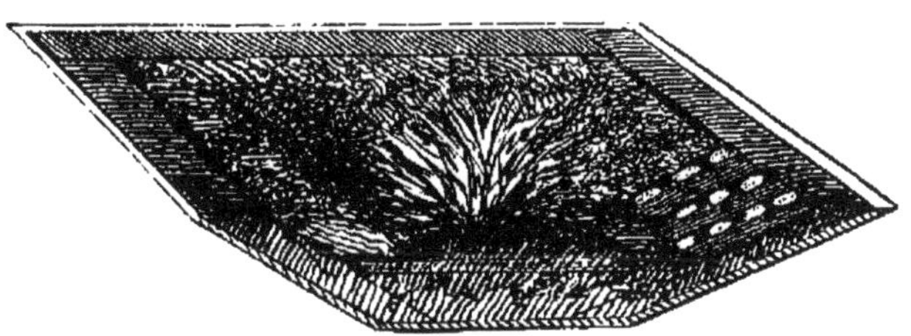

Fig. 26. Coupe du petit marais d'étude de M. Borne.

en tout et pour tout à ceux qu'il a établis pour le Collége de France et pour nous-même.

Les parois sont simplement en bois de sapin, l'assemblage est fait en queue d'aronde, les joints sont cimentés au mastic de fontainier.

Le fond est garni de tourbe émiettée, et les bords sont tapissés par des plaques de tourbe également lisses sur la face qui s'applique sur le bois, creusées de petites rigoles pratiquées d'abord à l'instrument tranchant et arrondies ensuite avec le doigt simplement. C'est là que les vaches viennent déposer leurs cocons, comme on le voit très-bien dans la coupe que représente notre fig. 26. Ces premières bandes sont recouvertes par d'autres tout unies.

Enfin des gazons revêtent la surface libre et plane qui se trouve entre les parois de tourbe. Les sangsues peuvent également venir déposer leurs cocons là ou dans la forte touffe du centre si elles le préfèrent.

Le robinet qu'on voit dans notre fig. 27 sert à vider le bassin quand on veut renouveler l'eau.

Ces petits appareils sont peu coûteux et extrêmement commodes pour l'étude ou la reproduction en petit. Les premiers jours après qu'on y a déposé des vaches, il faut

Fig. 27. Marais d'étude de M. Borne, perspective.

garnir les bords d'une toile métallique, pour empêcher les désertions; c'est là la seule précaution qu'il y ait à prendre. Si d'ailleurs les bassins sont un peu enfouis en terre, ce qui est préférable à tous égards, on n'a pas besoin d'avoir recours à ce moyen, les sangsues qui sortent revenant très-bien seules se réfugier dans un milieu artificiel qui leur convient parfaitement, et auquel elles ne tardent pas à s'habituer tout à fait.

CHAPITRE III.

ÉLÈVE ET HYGIÈNE DES SANGSUES.

Choix des sangsues.

Nous venons d'exposer les conditions d'emplacement, de disposition matérielle, de nature des eaux, en dehors desquelles toute tentative d'hirudiculture n'a aucune chance sérieuse de succès. Le marais est prêt; il nous reste à le peupler et, avant tout, à faire un choix parmi les différentes espèces de sangsues.

« Dans tous les temps, dans tous les lieux, dans toutes les circonstances, dit M. Vayson, les éleveurs devront préférer, pour peupler leurs marais, nos belles races indigènes ou celles qui, provenant de races importées, sont nées dans nos eaux, sous notre climat, et peuvent par cela seul leur être assimilées. » On doit également s'efforcer d'acclimater chez nous les sangsues étrangères, qui sont aussi fort estimées. « Dans leur état normal, elles sont aussi parfaites que nos *vertes* et nos *grises* des Landes, et fort appréciées à Paris, où elles sont désignées sous le nom de *hongroises*, bien que le plus grand nombre arrive de la Turquie et de la Grèce. » Quelques races de sangsues, quoique également médicinales, n'ont qu'une faible valeur pour la thérapeutique. Il est donc inutile de les multiplier. De ce nombre sont : la race connue sous le nom de *dragons*, que nous envoie le nord de l'Afrique[1], le Maroc et les environs d'Alger, et toutes

1. En 1853, les sangsues se payaient à Bone de 90 centimes à

les autres races bâtardes, si communes dans les mares de la France, parmi lesquelles nous signalerons la sangsue *de Normandie*, qui n'a pas une grande valeur en général, et que les industriels de Paris connaissent sous le nom de *sangsue du Calvados*.

Ces sangsues bâtardes, si on les emploie pendant les premiers jours qui suivent leur sortie du marais, entament l'épiderme de l'homme; mais leur succion est très-faible, et leur service presque nul. Elles ont sur le dos des taches de différentes couleurs, et portent sur les côtés une bande de couleur orangée, ou d'un rouge plus ou moins foncé. Toutes ces sangsues doivent être repoussées par les éleveurs. Si quelquefois on les tolère dans les hôpitaux, c'est à cause de leur bon marché. Le progrès de l'industrie des sangsues et les enseignements d'une pratique intelligente feront bientôt disparaître cet abus.

Pour peupler un marais, on peut acheter de petites sangsues et les y placer : c'est le mode le plus économique; mais, si l'on veut avoir des résultats plus rapides, on devra se procurer, vers le mois de mars, de grosses sangsues appelées *vaches*. Au mois d'avril et de mai elles s'accoupleront; la reproduction sera ainsi, dès la première année, immédiate et considérable.

Mode et époque de la reproduction.

Les sangsues se reproduisent au moyen de cocons; les affirmations de la pratique détruisent la doctrine de plusieurs savants, qui enseignaient que la sangsue se reproduisait par des œufs. M. Borne en particu-

1 franc le kilogramme, et 150 francs le mille. Cette année il s'en est vendu de même provenance, mais à Marseille, de 65 à 70 centimes le kilogramme, 100 francs le mille.

lier, qui depuis huit ans observe avec une patience et une intelligence remarquables les divers phénomènes de la vie de ces hirudinées, nous a assuré que jamais il n'avait vu aucune sangsue produire un œuf. Le docteur Sauvé, dont nous avons déjà parlé bien souvent, affirme la même chose. Longtemps il avait cru que les sangsues pouvaient se reproduire par l'œuf et par le cocon; mais ayant voulu observer par lui-même, il n'a jamais pu rencontrer ces œufs nus. Il a bien, il est vrai, trouvé de petits cocons dans lesquels la partie spongieuse manquait entièrement, soit qu'ils provinssent de sangsues très-petites, soit que, l'eau les ayant atteints après la ponte, la partie spongieuse n'eût pas eu le temps de s'organiser et se fût dissoute. Il présume que l'erreur dans laquelle sont tombés, selon lui, les observateurs qu'il réfute, tient à cette seule cause; car la description qu'ils donnent des œufs de sangsue s'applique parfaitement à des cocons de petites sangsues qui ne seraient pas recouverts des aréoles de la partie spongieuse.

L'époque de la ponte, pour les sangsues, ne peut être rigoureusement déterminée. Elle commence à peu près avec l'été, et dure une grande partie de l'automne.

Les sangsues sont hermaphrodites. Chacune d'elles possède un organe mâle et un organe femelle, et exerce dans l'accouplement la double fonction de mâle et de femelle. Dès les premiers beaux jours, cet accouplement a lieu, et, grâce à la chaleur précoce de la première moitié d'avril, cette année, nous avons pu, dans les marais de M. Borne, observer l'accouplement des sangsues le 17 avril 1855. L'année dernière, il avait également lieu vers la même époque. En général, on peut observer ce phénomène pendant une partie du mois de mai. Arrive ensuite la gestation, qui se prolonge habituellement jusqu'en juillet. L'éclosion enfin a lieu du mois d'août au mois d'octobre. A cette époque même tous les cocons n'éclosent pas, et alors il est bon, pour qu'ils puissent passer l'hiver à l'abri de la destruction, d'avoir recours aux caisses de M. Borne, dont nous parlerons bientôt.

L'état de gestation avancée se manifeste chez les sangsues par un renflement ovoïde, jaunâtre, qui se forme au tiers antérieur du corps, autour des parties sexuelles. Ce renflement est désigné par les zoologistes sous le nom de ceinture (*clitellum*)[1].

Formation des cocons. — Précautions à prendre.

Il est important de ne pas déranger les sangsues pendant la ponte. Deux moments surtout sont critiques dans la production des cocons : celui de l'accouchement proprement dit, et celui de la formation du tissu spongieux. Au moment de l'accouchement, la ceinture est énorme et très-pâle; son épiderme se soulève comme s'il allait se détacher. L'animal se tord, entr'ouvre la bouche et paraît souffrir. Bientôt il se manifeste un étranglement à chaque extrémité de la ceinture. Tout d'un coup l'annélide retire brusquement la partie antérieure de son corps de la pellicule ovoïde qui revêt le clitellum, comme s'il sortait d'un fourreau, et cette pellicule isolée devient la membrane du cocon. La sangsue sort à reculons; mais, avant de sortir, elle dépose dans l'intérieur de cette bourse plusieurs petits ovules, au milieu d'une certaine quantité de matière albumineuse. Les deux ouvertures de la bourse se resserrent aussitôt, et il reste à leur place deux épaississements arrondis, brunâtres, qui tomberont beaucoup plus tard, comme des opercules, à l'époque de l'éclosion. Le cocon n'est pas encore complet alors : il lui manque le tissu spongieux, qui est déposé sur la mem-

1. Moquin-Tandon et Vayson.

brane comme une boue mousseuse, légère, de couleur blanche. Le moindre attouchement suffit pour l'enlever. Aussi la présence de l'eau est-elle toujours plus ou moins nuisible. Tous les observateurs[1] sont à peu près d'accord sur ce point. C'est bien là aussi ce que nous avons constaté nous-même à l'aide du petit bassin artificiel que nous possédons dans notre jardin à Versailles.

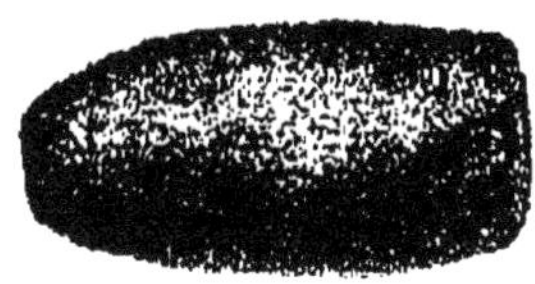

Fig. 28. Cocon de sangsue de grosseur moyenne.

Les phénomènes que nous venons de décrire sont très-difficiles à saisir; car, vers la mi-juin, presque toutes les sangsues en âge de se reproduire disparaissent et se cachent dans la tourbe des marais, artificiels ou naturels, jusqu'au moment de la ponte. Selon le docteur Sauvé, la majeure partie des sangsues ne posent qu'un cocon. Cependant, celles qui ont été nourries et qui sont grosses en posent plusieurs. M. Vayson dit la même chose. D'un autre côté, pourtant, M. Borne prétend qu'une sangsue ne produit jamais qu'un cocon et que les éleveurs seront même bien heureux si dix sangsues leur en donnent huit. Des études pratiques attentives pourront seules trancher cette question. Contentons-nous d'appeler l'attention des savants sur ce point.

Selon M. Borne, on trouve le plus généralement, dans un cocon, de 14 à 16 filets, ou très-petites sangsues, au plus 24 ou 26, quelquefois 28; au moins 10. Selon M. Vayson, les cocons renferment de 5 à 23 filets. Il en a trouvé, dit-il, qui en contenaient de 30 à 32. Tous les praticiens que nous avons consultés dans le voyage que nous avons fait tout exprès à Bordeaux et aux environs, jusqu'à Arès, avant de rédiger ce volume, nous ont assuré qu'on ne trouve jamais un nombre impair de jeunes dans les cocons. Les très-rares exceptions qu'on pourrait

1. Achard, Moquin-Tandon, Vayson, etc.

citer sont uniquement dues à la mort d'un ou de plusieurs sujets.

Quoi qu'il en soit, la grosseur du cocon, tout le monde en convient, est en rapport avec l'âge et le développement de la sangsue. Donc, si on veut avoir de beaux cocons et de beaux filets, il faut bien nourrir les sangsues. Le dépôt des cocons se fait presque toujours sur ou dans les bords humides du marais, à quelques centimètres au-dessus de la surface de l'eau et dans les herbes qui tapissent cette terre humide.

Partant de l'observation de ce fait, et pour perdre moins de cocons, ce qui arrivera toujours quand on abandonnera les sangsues à elles-mêmes, M. Borne prend soin de placer sur les bords sud et est des marais (car les sangsues déposent de préférence leurs cocons à l'exposition du midi et du levant) des cavités dans lesquelles les sangsues puissent trouver un abri sûr et commode. Quand il voit qu'elles s'accouplent, il commence à creuser ces petites galeries. Dans ce but, il soulève la couche superficielle de tourbe du bord, à 15 et 20 centimètres de la surface, et trace sur la couche inférieure du marais, en appuyant simplement sur la tourbe avec le doigt, de petits sillons qui descendent jusque dans l'eau et qui s'élèvent dans une longueur de 20 à 25 centimètres. Il les recouvre ensuite avec la couche superficielle de tourbe qu'il avait d'abord soulevée. Ainsi se trouvent établies d'étroites galeries où les sangsues montent à la hauteur qui leur convient, et où elles accumulent leurs cocons. De temps en temps, pour enlever ces cocons, on soulève la plaque de tourbe, afin d'éviter que les petites sangsues ne naissent dans les bassins qui servent d'habitation aux grosses; ce qui, dit M. Soubeiran dans la notice que no avons déja citée, empêcherait de leur donner les soin qu'elles réclament.

Un petit marais séparé, qu'on pourrait appeler bassin d'incubation, comme le qualifient M. Soubeiran et M. Borne, est destiné à abriter les cocons et à recevoir les jeunes sangsues à leur naissance. C'est là une des plus heureuses créations de M. Borne, dit M. Soubeiran, à qui nous en empruntons la description.

Caisses de M. Borne et du docteur Sauvé.

« Sur le bord d'un petit bassin creusé dans la tourbe, et garni, comme les autres, de plantes aquatiques, M. Borne pose une caisse en bois rectangulaire, sans fond. De petites galeries pratiquées dans la tourbe partent de la surface comprise entre les côtés de la caisse, s'enfoncent, et vont communiquer avec la vase du bassin. Le sol qui forme le fond de la caisse est recouvert d'un lit de *mousse*, et sur ce lit de mousse on range les cocons sur une épaisseur de trois rangs. On les y apporte à mesure qu'on les récolte. On les couvre de mousse, et on ferme la boîte avec un couvercle de bois. Pour préserver le contenu du soleil, on met encore par-dessus deux ou trois couches de mottes de tourbe. Les sangsues naissent quand leur moment est venu, c'est-à-dire à des époques différentes pour chaque cocon. Elles passent alors et aussitôt, en sortant par le petit trou qu'on voit à l'extrémité droite de notre figure 28, descendent à travers la mousse dans les galeries, et vont gagner la vase du marais. Les cocons tardifs, qui auraient péri infailliblement, se conservent ainsi jusqu'au printemps et n'éclosent qu'aux premières chaleurs. Pendant l'hiver, M. Borne les garantit du froid et de la gelée en recouvrant la boite avec une couche de tourbe de 30 à 40 centimètres d'épaisseur. Dans ce petit bassin, les jeunes sangsues sont pêchées par les mêmes procédés que les grosses, en *battant* l'eau et en les ramassant avec une pêchette ordinaire, comme celle que représente notre figure 29, à mesure qu'elles arrivent, excitées qu'elles sont par le besoin de nourriture et par l'espoir de rencontrer une proie.

« Dans certains bassins, sur les bords desquels M. Borne n'avait pas pratiqué les petites galeries dont nous avons parlé tout à l'heure, les sangsues ont déposé leurs cocons dans les mousses mêlées aux joncs dont il avait tapissé les bords de ces marais. Il a eu là une ample moisson de cocons, puisqu'il en a recueilli 128 devant nous, sur un espace qui avait à peine 50 centimètres de longueur, et

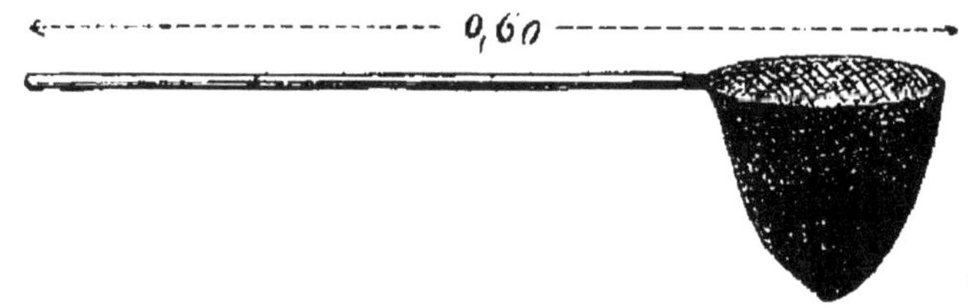

Fig. 29. Pêchette ordinaire faisant partie du matériel accessoire d'un marais à sangsues ou d'une piscine quelconque.

que, dans un seul bassin de 8 mètres de côté, il a pu en récolter plus de 4600. »

Pour la conservation et la reproduction des sangsues, M. le docteur Sauvé emploie aussi depuis plusieurs années des caisses formant des espèces de marais artificiels, dont il a obtenu les meilleurs résultats. En voici la description :

Ces caisses, de $2^m,33$ de longueur, 0,80 de largeur, et 0,45 de hauteur, furent déposées par lui dans la partie du marais le plus à la portée des gardiens. Après avoir fait creuser le terrain à une douzaine de centimètres de profondeur, afin que le fond percé de petits trous fût toujours baigné par l'eau, il traça tout un petit fossé et éleva une petite digue, pour arrêter les sangsues dans leur fuite et leur offrir un lieu où elles pussent déposer leurs cocons. Une couche d'argile de 10 centimètres fut étendue sur le fond de la caisse, qu'on divisa en trois compartiments par de grosses *mottines* extraites de la surface d'un marais tourbeux, et encore couvertes de plantes qui continuèrent à vivre et à croître. Le compartiment du milieu, limité par ces cloisons de tourbe et d'herbes, reçut plus tard l'eau nécessaire à entretenir l'humidité dans ce marais artificiel. Les deux autres compartiments furent remplis par une couche de tourbe fraîche en carreaux et par une couche de tourbe également fraîche, mais réduite en petits morceaux. Ces deux couches avaient une épaisseur de 10 centimètres chacune ; restait par conséquent $0^m,15$ de vide.

Chacune de ces caisses représente donc un véritable fossé. Au centre, comme nous l'avons dit, se trouve un espace vide de $0^m,75$ à fond argileux, et couvert d'eau dans laquelle végètent des chara, des lentilles, du cresson, etc., empêchant l'eau de se corrompre. A droite et à gauche existent deux rangs de gazons tourbeux, qui végétent parfaitement dans ce milieu humide et présentent aux sangsues un sol semblable à celui des marais naturels. Aux deux extrémités de la boîte, les deux couches de tourbe sont toujours humides par l'effet de la capillarité. Les carreaux sont séparés de manière que les sangsues puissent déposer leurs cocons dans l'espace ménagé entre chacun d'eux ; ces dispositions rappellent, sous ce rapport, les galeries des marais de M. Borne.

Une feuille de tôle plombée, qu'on place sur la caisse, retient les sangsues prisonnières dans cette sorte de marais, d'où elles ne tentent plus de s'échapper une fois qu'elles y ont passé quelques jours; car elles trouvent dans ce milieu toutes les conditions nécessaires à leur bien-être et à leur développement.

L'eau doit toujours être maintenue au même niveau, pour les raisons déjà signalées, à savoir que les cocons, ordinairement déposés par la sangsues à quelques centimètres au-dessus du niveau de l'eau, ne soient pas submergés.

On peut, assure M. Sauvé, déposer de 3 à 4000 sangsues dans chacune de ces caisses, qui offrent le grand avantage de ne réclamer aucun soin. Les sangsues, s'y développent selon les exigences de leur organisation, et les cocons abandonnés ainsi à eux-mêmes éclosent seuls, à l'abri des causes de destruction, donnant naissance à de petites sangsues qui se répandent à leur guise dans les diverses parties de ce marais de structure nouvelle, jusqu'au printemps, où on devra les nourrir, si l'on veut les voir croître et rapidement grossir.

Une fois nourries et âgées de huit à dix mois, devenues capables de pourvoir elles-mêmes à leurs besoins et à leur défense, elles descendent dans le marais par des trous percés dans les parties inférieures des parois de la boîte, et qu'on a soin de leur ouvrir quand elles ont atteint la force et la grosseur voulues.

L'usage des caisses que nous venons de décrire présente plusieurs avantages que M. le docteur Sauvé énumère lui-même ainsi : 1° Celui de permettre de déposer des sangsues mères au mois de juin et de les avoir sous la main, à la fin de l'automne, pour les vendre à un prix ordinairement supérieur à celui auquel on les a achetées ; 2° d'avoir une quantité considérable de petites sangsues, qui ne coûtent rien, qu'on peut protéger, nourrir et enlever ainsi aux chances les plus nombreuses de destruction. Pour ces petites sangsues, tout le soin qu'il s'agit de leur donner se résume en effet à ceci : savoir les défendre contre leurs ennemis. Après les avoir nourries au printemps, on les déposera donc simplement dans le marais, et on les abandonnera à leur instinct.

Nourriture des sangsues.

A la rigueur, une sangsue peut vivre dans l'eau sans nourriture ; mais elle y maigrit et y perd sa force et son activité. D'ailleurs, toute sangsue qui n'a pas été bien nourrie ne se reproduit pas ou se reproduit mal. Il importe de nourrir ces annélides. Leur digestion est très-longue, et il suffit de les alimenter deux ou trois fois par an. M. Borne ne les pousse pas davantage, et il arrive en trois ans, tout au plus, à *faire* une sangsue. Ces sangsues de trois ans sont d'une bonne grosseur, ont de 10 à 12 centimètres de longueur, sont pleines de vie, d'ardeur, et excellentes pour la médecine.

Les Bordelais prétendent faire une sangsue en dix-huit mois, en un an même Nous avouerons que ce délai nous paraît court, et qu'une pareille allégation est difficile à admettre pour celui qui s'est un peu occupé de l'étude des sangsues. Cependant nous avons vérifié le fait sur place dans les marais de M. Franceschi, un des plus intelligents producteurs de la Gironde, qui a bien voulu nous faire visiter ses bassins et plusieurs autres appartenant à ses confrères.

Quoi qu'il en soit de cette rapidité de croissance qui peut s'expliquer par les différences de climat, tous les éleveurs sont d'accord sur la nécessité de nourrir les sangsues. Par quels moyens? Ici commencent la division et le débat. Nous n'entrerons, quant à nous, dans aucune polémique, nous contentant de faire connaître aux industriels les procédés qui nous paraissent les plus économiques, les plus propres à propager cette industrie et à assurer le succès des entreprises qui existent déjà ou qui seraient tentées ultérieurement.)

En première ligne, et quoi qu'on en dise, nous placerons la méthode de M. Borne et du docteur Sauvé; elle est très-économique, elle a produit d'excellents résultats et elle est, sans contestation, la moins révoltante, la plus humaine pourrait-on dire. Malheureusement elle est difficilement praticable en grand : il faut voir les immenses marais qui avoisinent Bordeaux pour reconnaître et s'avouer cette triste vérité.

Dans les premiers jours du printemps, quand les sangsues s'agiteront dans les marais et qu'elles accourront en foule à l'endroit où l'on bat l'eau, on peut en conclure qu'elles ont besoin de nourriture; car les sangsues n'accourent au bruit que dans l'espoir de trouver une proie vivante à laquelle elles puissent s'attacher. C'est en effet ce qui a lieu dans les marais des environs de Bordeaux, où leur attente n'est pas toujours trompée. Ici, comme on va le voir, elle l'est bien en partie et nous ne nous en plaignons pas. On profite donc du mouvement qui s'opère vers un point donné, et on pêche les sangsues avec un petit engin (la puisette que représente notre figure 29), analogue à celui dont on se sert pour prendre les papillons, au tissu près.

On les met dans de petits sacs, et on les plonge dans un bain de sang chaud, sortant des vaisseaux de l'animal, autant que possible. M. Borne emploie à cet effet des sacs de *flanelle* ou de *toile* bien claire pour les sangsues moyennes et grosses. Quant aux filets, il les met dans des sacs de *mousseline* ou de flanelle fine, et les porte à la boucherie. Au moment où le bœuf, le veau ou le mouton viennent d'être saignés, on bat le sang pour enlever la fibrine et empêcher la formation du caillot, puis on y plonge les sacs pleins. Le tissu dans lequel nos petites bêtes sont enfermées leur sert de point d'appui pour la succion, et offre le moyen de regarder de temps en temps si elles ont pris assez de sang. Les gros sujets, les *vaches* par exemple, doivent être laissés cinq ou six minutes dans ce bain de *chair coulante*, suivant l'expression de Bordeu; les moyennes devront y rester dix minutes environ; les filets, un quart d'heure; les sangsues toutes jeunes pourront y être laissées jusqu'à une demi-heure.

On les retire ensuite, et, après les avoir lavées avec de l'eau tiède, on les remet dans l'eau fraîche, pour les reporter au marais. Quelquefois M. Borne transporte le sang sur place; il en sépare d'abord la fibrine par le battage, puis il enveloppe avec grand soin les vases qui le contiennent, pour empêcher le refroidissement pendant le trajet. Un bain-marie, entretenu à une température convenable par un appareil de chauffage quelconque, une lampe ou une forte veilleuse par exemple, serait d'une application parfaite et simplifierait bien les difficultés. C'est un peu, comme nous allons le voir, ce que fait M. Sauvé.

M. Borne nourrit les petites sangsues avec le sang le moins substantiel à son sens, celui des veaux. En général, il opère sur 6 ou 7 kilogrammes de sangsues à la fois. Quand il a sorti ses élèves du sang, et qu'il les a bien lavées, il les passe en revue pour mettre à part toutes les paresseuses qui n'ont pas bien mangé, et qu'il réserve pour un autre jour. Une sangsue doit, après un repas, peser environ *deux fois* plus qu'elle ne pesait avant.

M. Sauvé se sert aussi de sacs pour gorger ses sangsues; mais sous certains rapports sa méthode diffère de celle de M. Borne. Il fait apporter le sang dans des *bidons* munis d'un double fond qu'on remplit d'eau bouillante, pour empêcher le refroidissement. Puis, comme M. Borne, il plonge dans les vases pleins de sang ses sangsues placées préalablement dans des sacs de toile ou de laine. Ce sang chaud non défibriné est de beaucoup supérieur, assure M. Sauvé, à celui qui a perdu sa chaleur et sa fibrine. Cette observation nous paraît fondée, et nous engageons les éleveurs, et M. Borne en particulier, à en tenir bon compte, ne fût-ce d'abord qu'à titre d'expérience.

M. Sauvé conseille aussi de déposer directement les sangsues, après qu'elles se sont gorgées, sur les bords du marais, des îlots ou des levées, afin qu'elles puissent s'enfoncer dans la terre, si elles le désirent; et c'est ce qu'elles font presque toujours. On leur évite la fatigue, toujours très-grande pour elles lorsqu'elles sont pleines, de gagner à la nage les points solides du marais.

Le meilleur mode de nourriture, le seul peut-être qu'on devra employer quand on voudra opérer en grand et qu'on ne sera pas retenu par des considérations d'économie ou autres, est le gorgement par les animaux vivants! Un sang chaud, puisé dans les veines de l'animal, à travers la peau, immédiatement digéré dans le marais, avec toutes les conditions naturelles ordinaires, tel est, suivant un auteur déjà cité, M. Vayson de Bordeaux, et selon tous les éleveurs, l'aliment qui convient le mieux à la sangsue et qui hâte le plus son développement.

Sans doute, le premier moyen que nous venons d'indiquer plus haut donne de bons résultats, sur de petites ou même de moyennes surfaces; mais plusieurs de ceux-là même qui l'emploient avouent qu'il ne vaut pas la méthode des Bordelais, méthode brutale, certes, dont il faut s'efforcer d'adoucir de plus en plus la pratique, mais qui se résume par d'immenses résultats économiques, quant à la nourriture, à la croissance et à la reproduction des sangsues.

Dans toute la Gironde, on fait entrer dans les marais,

pour nourrir les sangsues, des chevaux, des ânes, des mulets et des vaches. Attirées, comme nous l'avons déjà dit, par un bruit qui leur annonce le plus souvent une proie vivante, les sangsues, écoutant leur instinct, sortent de leurs retraites, se précipitent sur les jambes de la victime, s'y attachent et s'y gorgent.

C'est alors qu'on établit des ponts sur les fossés de séparation des barrails. Une fois entrés dans les compartiments, les pauvres animaux sont couverts bientôt, dans toute la partie des membres qui est immergée, par une nuée de sangsues qui ne quittent leur proie vivante que quand elles sont entièrement gorgées. Les victimes sont alors ramenées dans un maigre pâturage, où elles essayent de refaire péniblement le sang qui vient de leur être enlevé. On leur fait subir ce supplice jusqu'à cinq et six fois par mois. C'est navrant à voir aux époques du martyre, qui sont généralement du commencement d'avril au 15 juin, et ensuite du commencement d'octobre au 15 novembre. C'est à cette dernière période qu'on emploie le moins de ménagements; car il reste tout un hiver à passer pour attendre la campagne suivante, et alors les frais de nourriture qu'on a en perspective font souvent passer sur une question d'humanité. C'est triste à dire; mais, hélas! c'est trop vrai.

Les chevaux sont de beaucoup préférés à tous les autres animaux que nous venons de citer. Les vaches ne nourrissent bien qu'à la condition d'être entrées dans l'eau bien au delà du genou; autrement, avec leur langue rugueuse, elles font facilement tomber les sangsues. Les ânes seraient estimés à cause de leur docilité; mais ils ont les pieds si étroits qu'ils enfoncent trop facilement dans les fonds de marais, généralement très-perméables.

C'est cette considération sans doute qui a conduit un

éleveur que nous avons visité à remplacer le moyen ordinaire par un autre, en suivant toutefois la même méthode au fond. Il nourrit les sangsues hors de l'eau, au moyen d'un pantalon de toile appelé *chausse*, espèce de manche de chemise qu'on attache aux jambes des ânes, et dans lequel on jette un nombre de sangsues proportionné à leur grosseur et calculé de manière à ce que la santé des animaux ne s'en trouve pas altérée. On pourrait ainsi désormais, par ce procédé très-simple, régler la nourriture des sangsues, et ne pas exposer les pauvres bêtes qu'on leur livre en pâture à être exténuées par le régime direct qui martyrise chaque année tant de sujets! Nous ne devons pas le cacher, cependant, les victimes dont les membres ont été ainsi livrés en pâture un à un sont aussi tristes à voir que les autres, et elles succombent également bien souvent à la peine. Un des voisins de M. Franceschi de Bordeaux nous a assuré cette année qu'en 1854 il avait perdu tous les ânes qu'il avait employés!

Quoi qu'il en soit, disons quelles sont les principales conditions sur lesquelles chacun semble être d'accord pour atténuer, autant que possible, les effets de ces pratiques affligeantes auxquelles nous voudrions bien qu'on pût trouver le moyen de mettre un terme. En l'attendant, s'il est jamais trouvé, on devra prendre soin de ces pauvres animaux. L'humanité, aussi bien d'ailleurs que l'intérêt du spéculateur, conseille de ménager leurs forces. Il faudra ne les livrer aux sangsues qu'aux plus longs intervalles possibles, et ne les laisser dans les bassins que quelques heures. Quand ils succomberont, comme cela arrive trop souvent, l'intérêt de la salubrité exige impérieusement que les cadavres soient enlevés sans délai. Enfin, nous le répétons, si l'humanité conseille de bien traiter ces anciens serviteurs, dont la vieillesse est encore utile, la prudence exige aussi que ces bêtes ne soient livrées aux sangsues que bien saines, et surtout exemptes de tumeurs et de plaies aux jambes.

Nous avons assisté à quelques pourparlers d'achat et de vente à la Bastide, dans les écuries ouvertes d'une manière permanente au commerce des chevaux à sangsues. On ne peut s'imaginer, si on ne l'a vu, les précautions que prennent les marchands pour masquer certains défauts qu'ils savent être des causes de rebut. Les maquignons bordelais sont au moins aussi forts que ceux de Paris. C'est une boiterie qu'il faut cacher; car les acheteurs craignent qu'épuisé par la succion, l'animal ne vienne à tomber et à se noyer dans un fossé. Ce sont les eaux aux jambes qu'on veut faire passer, les plaies chroniques, etc. Les chevaux aveugles sont également repoussés; ne pouvant se conduire, ils sont exposés à se noyer dans les cloaques marécageux où ils doivent vivre, si cela peut s'appeler ainsi. Nous avons vu vendre ces malheureux chevaux destinés à servir de pâture aux sangsues. Les efforts que font les maquignons pour dissimuler ces infirmités sont véritablement coupables, quelquefois comiques, mais le plus souvent affligeants. Notre excellent ami L'Héritier, du *Pays*, qui était avec nous, peu habitué à ce genre de spectacle, en était tout attristé, et il y avait de quoi; d'après ce qu'il a vu là, il n'a jamais voulu venir visiter les marais.

Quant aux sangsues, les propriétaires recommandent d'éviter de les nourrir quand le soleil est trop ardent. Entraînées par leur avidité, elles montent alors quelquefois hors de l'eau, le long des jambes de l'animal sur lequel elles puisent leur provision, et peuvent, sous l'action d'un soleil trop brûlant, être durcies et tuées en un instant. En effet, une fois attachées à la peau, elles ne la quittent que quand elles sont entièrement gorgées.

Les ennemis des sangsues. — Moyens de les combattre et de les détruire.

Notre tâche serait incomplétement remplie, si, après avoir indiqué sommairement les soins qu'on doit donner aux sangsues, nous ne faisions pas connaître quels sont les ennemis qui peuvent rendre ces soins inutiles, et quels moyens on possède de lutter avec succès contre eux.

La *musaraigne* (*mus araneus*, souris-araignée) est l'ennemie la plus terrible des sangsues. Malgré son nom, elle diffère entièrement de toutes les espèces de souris. Les musaraignes appartiennent au genre *sorex*, que l'on doit considérer comme cosmopolite. Cette bête est très-petite et échappe facilement aux recherches et aux poursuites. Sa présence se manifeste partout par l'odeur musquée qui lui est propre. Dans les marais, elle est indiquée encore par les dégâts qu'elle y cause. Elle tue les sangsues et en emporte des tronçons dans des trous où elle les amasse. M. Borne, qui leur fait une chasse assidue et très-vive, est parvenu quelquefois à découvrir le repaire de cet hôte incommode. Il a trouvé là de grandes quantités de ventouses et de sections de sangsues. Les éleveurs devront donc les poursuivre à outrance. On se sert pour cela de piéges ordinaires ou d'appâts empoisonnés, placés hors de la portée des autres animaux de l'endroit, chevaux ou chiens de garde.

Le *rat d'eau* ne mange pas les sangsues, comme on l'a prétendu; mais il cause de grandes pertes aux éleveurs, en creusant des galeries où les sangsues s'introduisent et déposent des cocons qui se trouvent perdus. Le fusil, la pâte phosphorée et divers engins peuvent en purger assez facilement les marais.

Tous les individus du genre *dytiscus* de Linné, qui forme aujourd'hui une famille distincte des coléoptères, sous le nom d'*hydrocanthares*, sont des ennemis que les éleveurs doivent poursuivre. Ils sont tous aquatiques; ils se tiennent en général dans les eaux stagnantes où vivent les sangsues, qu'ils déchirent avec leurs pattes armées de pointes et leur carène ovale, qui en est également munie. Les larves de ces hydrocanthares, encore plus carnassières que l'insecte parfait, vivent également dans l'eau, et n'en sortent que pour se transformer en nymphes dans la terre. Les principaux genres formés dans cette famille, et ils sont tous également dangereux dans les marais à sangsues, sont ceux des *haliples*, des dystiques, et des hydropores.

Le *hérisson* est très-friand des sangsues. M. Sauvé rapporte qu'il en présenta quelques-unes à un jeune hérisson, qui les mangeait avec avidité. Il faut donc le détruire.

Le *canard* est, selon M. Sauvé, le plus grand destructeur des sangsues. Le premier soin des éleveurs, à son avis, doit être de défendre l'accès de leurs marais et de leurs réservoirs à ces rapaces et gloutons palmipèdes. Si le canard domestique est vorace, à plus forte raison le canard sauvage l'est-il, et, à ce titre, il doit être l'objet d'une poursuite vive chaque fois qu'il se présente. Les éleveurs trembleront en lisant qu'une bande de canards sauvages fit disparaître en vingt-quatre heures 200 000 sangsues. Ce fait, rapporté par M. Moquin-Tandon, paraît croyable quand on connaît la gloutonnerie du volatile en question.

La *courtillière* ou *taupe-grillon* est aussi très-dangereuse pour les marais à sangsues. Il importe de la détruire par des procédés analogues à ceux qu'emploient les jardiniers. Nous recommandons le moyen préservatif indiqué par M. Fabre, et qui consiste à mettre l'hiver du fumier en litière dans des fosses pratiquées de distance en distance. La courtillière y vient de préférence déposer ses œufs, qu'on peut détruire dès la fin du mois de mars, époque à laquelle la ponte n'a plus lieu.

Quand on trouvera des trous conduisant aux galeries que ces animaux se creusent dans les terre-pleins environnants, on s'en débarrassera facilement en y versant de l'*eau de savon* qui les asphyxiera aussitôt. (Voir le *Moniteur des comices* du 4 août 1855.)

La *libellule* ou *demoiselle* en larve est très à craindre aussi. A l'état d'insecte parfait, elle est sans danger; mais ce névroptère est d'autant plus terrible aux sangsues, qu'il prend naissance dans l'intérieur même de l'eau. Des œufs déposés par la femelle sortent de petites larves qui se traînent dans la vase et sont très-carnassières.

L'*azelle* d'eau douce doit encore être rangée parmi les nombreux ennemis que les éleveurs de sangsues ont à combattre. Il paraît, d'après les observations faites par des savants qui ont spécialement étudié cette matière, et par M. Soubeiran en particulier, que ce crustacé, analogue au *cloporte*, dévore les petites sangsues. Sa présence dans les eaux de la Seine et dans les mares situées aux environs de Paris était, selon M. Soubeiran, en partie cause de l'insuccès d'un grand nombre d'entreprises tentées pour l'élève et l'éducation de la sangsue médicinale.

Quelques auteurs rangeaient l'*aulastome*, sangsue noire, dite *de cheval*, au nombre des ennemis des sangsues. On disait que l'aulastome dévorait les petites sangsues surtout. M. Sauvé assure en avoir placé dans des bocaux, des baquets ou des caisses, avec d'autres sangsues qu'elles ne dévoraient pas, bien que celles-ci fussent petites. L'affirmation de cet intelligent observateur renverse l'opinion indiquée tout à l'heure. Les sangsues, pas plus que les loups, ne se dévorent entre elles.

Parmi les ennemis de la sangsue nous placerons

enfin l'*anguille*, qui, heureusement, n'est pas commune dans les marais. Nous n'en devons pas moins signaler le fait, qui n'est peut-être pas connu de tous les éleveurs. Nous en devons la connaissance à un de nos vétérinaires les plus distingués, M. Lemichel, attaché maintenant à l'école militaire de Saint-Cyr. Il résulte d'une communication qu'il a faite à la Société impériale et centrale de médecine vétérinaire, dans un but tout opposé à celui que nous recherchons ici. Il s'agissait en effet de la destruction d'une espèce particulière de sangsues qui infeste le littoral de l'Algérie, et qui, en s'introduisant dans les voies respiratoires et digestives, causait des maladies graves pour l'homme et pour les animaux. Le moyen de destruction proposé, après expérience sans doute, par M. Lemichel, étant de placer des anguilles dans les bassins qui contiennent ces sangsues, nous devions nécessairement recommander de bien les éviter dans ceux dont il s'agit ici.

Maladies des sangsues.

Pour les sangsues, comme pour tous les êtres animés, la maladie est une ennemie qu'il faut toujours redouter, et dont les coups sont imprévus. Il n'est donc pas superflu de décrire ici en peu de mots les maladies qui peuvent attaquer ces annélides :

Une des plus funestes et des plus communes, dit M. Chevallier dans son excellent *Dictionnaire des altérations*, etc., est l'affection *putride :* elle se manifeste par l'enflure des extrémités ; cette enflure gagne bientôt tout le corps, qui est comme distendu par les gaz qui résultent de la putréfaction du sang.

Les sangsues atteintes de cette maladie laissent écouler par la bouche un liquide rouge et séreux. Cet écoulement précède de peu leur mort, et ne doit pas être considéré comme l'indice du gorgement.

Les circonstances dans lesquelles se manifeste la maladie putride, sont : 1° la chaleur ; 2° l'accumulation des sangsues en trop grand nombre ; 3° le contact des sangsues malades et surtout de celles qui sont mortes d'affection putride ; 4° le renouvellement insuffisant de l'eau ou de la terre argileuse qui les renferme, 5° les lavages trop rares ou dans une eau impure ; 6° leur conservation dans des sacs non nettoyés ; 7° l'état de plénitude et surtout de gorgement, particulièrement en été ; 8° leur déplacement, surtout dans les voyages, à l'époque de la gestation.

Une autre maladie se manifeste par l'excrétion trop abondante de leurs mucosités ; on la désigne sous le nom d'*affection muqueuse*. Dans cet état, les sangsues ne tardent point à s'amollir et à diminuer sensiblement. Cette maladie, qui dure quelques jours, est favorisée dans son développement : 1° par l'état de captivité des sangsues ; 2° par le changement de milieu ; 3° par la perturbation produite dans le transport ; 4° par le maniement ; 5° par un emballage portant mauvaise odeur.

Les sangsues deviennent quelquefois, comme on le dit, *noueuses*, c'est-à-dire que l'extrémité postérieure de leur corps présente un rétrécissement qui commence à la ventouse anale et va en se prolongeant en avant. Le doigt peut sentir alors des sortes de granulations dans la partie rétrécie. Cette maladie, qui se manifeste le plus souvent dans une partie des circonstances déjà précitées, affecte surtout les sangsues qui ont été longtemps conservées avant la vente ; et, comme on ne pêche pas dans les marais de sangsues noueuses, cette maladie est une conséquence de la captivité, et peut-être de la nourriture artificielle que l'on croit devoir donner à ces animaux dans quelques réservoirs.

La *gelée*, lorsqu'elle ne tue pas immédiatement les sangsues, donne lieu à divers accidents; elles *se nouent*, deviennent *boutonneuses*, rejettent des matières sanguinolentes.

On croit avoir observé que certains principes délétères puisés sur des malades par des sangsues avaient causé la maladie et la mort de ces annélides.

Les sangsues se blessent entre elles. Le lieu de la blessure, qui se reconnaît par une tache tantôt blanchâtre, tantôt d'un gris foncé, tantôt d'un gris rougeâtre, est souvent aussi le point de départ de rétrécissements dans le corps de l'animal. Les sangsues affectées de cette lésion sont dites *piquées*.

L'*exténuation* est également une cause de mort pour les sangsues.

Résumé.

Pour nous résumer maintenant, voici les points auxquels doit s'attacher l'éleveur de sangsues, et les conditions d'éducation et d'hygiène qu'il doit observer, s'il ne veut s'exposer à des pertes considérables.

Il aura soin de ne point élever ses sangsues dans des eaux vives, bonnes seulement pour celles dont on doit prochainement se servir; car ces eaux, en augmentant la vivacité et l'appétit de ces annélides, les font bientôt maigrir et décroître. Des eaux stagnantes, vivifiées par une végétation abondante d'herbes aquatiques, c'est-à-dire des marais se rapprochant le plus possible des mares naturelles : voilà ce qu'il faut aux sangsues.

Il divisera son marais en autant de bassins qu'il pourra. Il y trouvera plusieurs avantages : 1° Il pourra séparer les sangsues selon leur espèce, leur grosseur, leur état de force et de santé; 2° il facilitera la pêche; 3° il offrira à ses élèves la terre et l'eau en abondance, et se conformera ainsi aux besoins de leur nature, qui est, comme disent les auteurs spéciaux, aussi terrestre qu'aquatique; 4° ce moyen lui permettra de multiplier dans ses bassins les plantes aquatiques, et notamment les mousses, les joncs, où les sangsues aiment beaucoup à déposer leurs cocons, etc.

Il aura soin de nourrir *abondamment* ses sangsues, soit avec du sang chaud qu'il privera de la fibrine par le battage, soit plutôt avec du sang chaud non défibriné, soit encore, et c'est, nous le craignons, la meilleure méthode, pour la pratique en grand surtout, avec du sang pris par l'annélide aux vaisseaux mêmes de l'animal.

Enfin, s'il veut que son entreprise soit couronnée de succès, l'éleveur exercera sur ses marais une surveillance de tous les instants. Il fera une guerre à outrance aux ennemis des sangsues, suivra avec attention les diverses phases de la vie de ces hirudinées, et par des observations assidues cherchera à bien connaître les conditions les plus favorables au développement et à la multiplication de ses élèves, eu égard aux circonstances dans lesquelles il expérimentera. Car il est des choses qu'un livre aussi abrégé que celui-ci ne peut dire, et qu'une laborieuse et patiente pratique peut seule enseigner.

CHAPITRE IV.

PÊCHE ET TRANSPORT DES SANGSUES.

Pêche des sangsues.

Dans les marais divisés en petits bassins, comme ceux de M. Borne, le procédé de pêche est des plus simples. Il suffit de battre l'eau et de saisir les sangsues qui accourent avec une pêchette ou avec un cerceau ovale de fer garni de filet formant poche et placé au bout d'un bâton.

Dans les grands marais de la Gironde, des hommes ou des femmes, chaussés de grandes bottes qui les garantissent des morsures, descendent dans les marais pour pêcher les sangsues. Ils tiennent à la main gauche un sac d'une toile très-serrée, habituellement d'environ deux décimètres de hauteur sur un de large ou à peu près, agitent l'eau avec les pieds, et s'emparent avec la main droite des sangsues qui accourent dans l'espoir de rencontrer une proie.

Les pêcheurs doivent avoir soin de saisir la sangsue très-rapidement, afin de ne pas lui donner le temps de s'attacher aux mains. Ils devront veiller à ce que leurs mains et leurs bottes soient propres. Ils devraient aussi avoir toujours la précaution d'envelopper leurs bottes de toile. De cette manière les sangsues s'y attacheraient et la pêche deviendrait plus commode et plus rapide : car l'odeur de l'huile ou de la graisse que les pêcheurs emploient pour entretenir leurs chaussures empêche les sangsues d'adhérer au cuir, et c'est même pour cet annélide délicat une cause de dégoût qui peut nuire à la pêche. Malgré ces bonnes raisons, ce procédé est cependant loin d'être généralement suivi.

Il faudra s'abstenir de pêcher quand soufflent avec force les vents de nord, d'est ou d'ouest. Ce serait vainement d'ailleurs qu'on le tenterait alors; les sangsues les plus affamées sortent à peine dans ces cas-là. Il faut, pour bien faire, du calme et de la chaleur.

Transport et conservation des sangsues.

On se sert habituellement pour le transport des sangsues de sacs de toile serrée, que l'on place à côté les uns des autres, dans un panier carré oblong, en les entourant de paille pendant l'hiver et de joncs humides dans l'été. Ce mode de transport en fait mourir un grand nombre.

On emploierait avec plus de succès la boîte de M. Borne.

Les dimensions de cette boîte varient selon la quantité de sangsues que l'on veut transporter. Pour six mille, on donnera à la boîte un mètre de longueur et on la partagera en autant de compartiments qu'il y aura de milliers de sangsues, c'est-à-dire en six compartiments. Au fond de chacun d'eux, on placera de la tourbe ou des roseaux, et au-dessus de la mousse. Sur cette mousse ou posera un sac contenant mille sangsues, que l'on recouvrira encore de mousse. On en mettra également autour du sac, de manière à éviter la moindre secousse. Placées dans cette boîte, qui imite un petit marais artificiel, les sangsues pourront être transportées à de grandes distances sans qu'on ait à craindre une mortalité bien notable. Les amateurs d'hirudiculture, et les personnes qui désireraient s'occuper de l'industrie des sangsues, pourront d'ailleurs prendre connaissance de cette boîte à l'Exposition, où elle se trouve à l'endroit que nous avons indiqué déjà, dans la galerie de jonction dite du Panorama, côté ouest.

Mais la conservation d'un envoi un peu considérable de sangsues offre de grandes difficultés avec les moyens ordinaires. On les évitera facilement cependant en employant le *marais domestique* de M. Meeus, dont nous donnons ici le dessin (fig. 30).

Ce marais domestique comprend tous les éléments qui concourent habituellement au bien-être des sangsues, l'eau B, la terre tourbeuse C et les plantes aquatiques A. Il a pour base le système des eaux continues et à niveau constant appliqué à la conservation des sangsues.

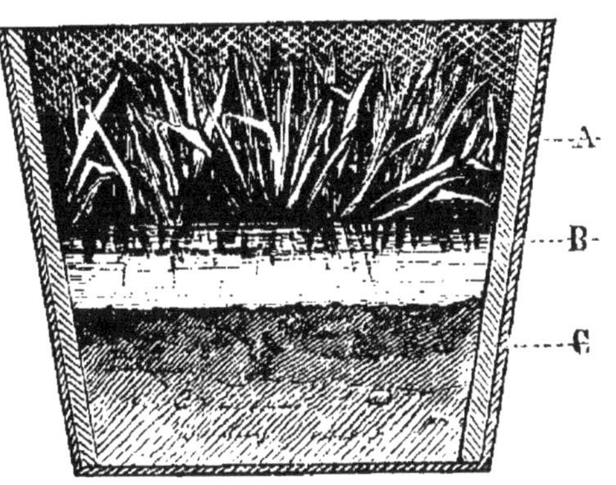

Fig. 30. Marais-domestique de M. Meeus, de Paris.

Les sangsues pourront vivre dans ce marais domestique comme dans un marais naturel, y déposer leurs cocons, y changer d'épiderme. Le jeûne qu'elles y subiront facilitera leur digestion, toujours incomplète à leur sortie des marais, et leur donnera un appétit qui les rendra plus propres encore au service qu'on réclame d'elles.

En été, on devra placer le marais domestique au soleil, afin de communiquer à la zone humide la chaleur nécessaire à la digestion de la sangsue et à la ponte des cocons. L'hiver, on le mettra dans une pièce chauffée et parfaitement aérée, pour éviter à la sangsue les variations atmosphériques auxquelles elle est très-sensible, et pour que le marais, dit M. Vayson qui en a constaté le mérite, puisse fournir à toute heure des sangsues dans la plénitude de leur force et de leur santé. L'eau qu'on emploiera devra être de l'eau de rivière, ou de l'eau pluviale, mais jamais de l'eau de puits, ni de l'eau de source à sa sortie de la terre. Nous avons déjà dit pourquoi.

Pour les administrations des hospices, remarque avec raison M. Vayson, deux marais de ce genre seraient utiles : l'un serait destiné aux sangsues appelées à servir, et l'autre à celles qui ont accompli une succion. Celles-ci pourraient ainsi sortir sans danger de l'état de prostration qui suit toujours l'excès de nourriture que les sangsues prennent sur un malade.

Quant à la conservation des sangsues, notamment à Paris, M. Ch. Permoud croit avoir démontré :

Que les eaux de la Seine et les eaux de pluie conviennent mieux à ces annélides que l'eau du canal de l'Ourq, et surtout que l'eau séléniteuse des puits de Paris;

Que les vases en *faïence* sont préférables aux vases de verre ou de terre vernissée, lesquels sont cependant supérieurs aux vases de grès employés généralement;

Que l'*obscurité* est fatale à la conservation des sangsues et qu'elles se conservent et se développent mieux à la lumière;

Qu'enfin les sangsues vivent mieux dans la terre que dans l'eau, ce qui est conforme à ce que nous avons dit plus haut.

Voici d'ailleurs quelques observations et quelques renseignements qui ne sont pas déplacés dans ce volume, et qui seront utiles aux familles.

Disons tout d'abord qu'il est maintenant surabondamment prouvé que les sangsues peuvent servir plusieurs fois.

Les sangsues dégorgées ne conservent pas de sang qu'elles puissent déposer dans la plaie. Après quelques jours, elles remplacent totalement l'épiderme qui les recouvrait lors de leur première application.

D'abondants témoignages attestent l'innocuité des sangsues après leur dégorgement. Des médecins se sont appliqué des sangsues qui avaient été posées sur des personnes atteintes des maladies les plus contagieuses, et jamais cette application n'a eu le moindre inconvénient.

Dans les familles, on fait ordinairement dégorger les sangsues en les jetant dans une terrine remplie de cendres[1]; ensuite on les lave et on les met dans un pot ou dans un bocal à moitié rempli d'eau bien propre. Cette eau doit être renouvelée au moins tous les deux jours, et, si une des sangsues vient à mourir, il faut avoir la précaution de la retirer, car elle infecterait l'eau et ferait mourir les autres.

Deux procédés sont mis en usage pour rendre propres à un nouvel emploi les sangsues qui ont servi. On les vide de tout le sang qu'elles ont pris, ou bien on les dépose dans des réservoirs jusqu'à ce qu'elles l'aient digéré. Le premier moyen est mis en œuvre à Paris, à Reims et dans quelques autres localités.

Dans les hôpitaux de Paris, on laisse un instant les sangsues dans de l'eau salée, puis on les vide en les pressant doucement entre les doigts, tandis qu'on les tient plongées dans de l'eau chaude. Huit jours de repos suffisent pour les remettre complétement; puis, après avoir été appliquées de nouveau, elles subissent quelquefois une deuxième, une troisième opération. Quand elles

1. Dans ces derniers temps, l'éther et l'alcool ont été préconisés, mais nous n'avons pas assez de renseignements pour pouvoir en parler autrement que pour mémoire.

paraissent fatiguées, on les met dans de petits marais artificiels où elles se reposent, enfoncées dans la vase, et où elles acquièrent une nouvelle vigueur.

Avant d'adopter ce moyen, l'administration des hôpitaux a fait constater que la quantité de sang prise par les sangsues dégorgées est aussi grande que la quantité de sang tirée par les sangsues neuves.

Le second procédé de dégorgement a été pratiqué à l'hôpital militaire de Metz. A Rochefort, l'honorable M. Lesson a fait établir des bassins qui, dès la première année, ont payé les frais de leur installation. A Douai, à Bordeaux, à Toulouse, et surtout à Angers, le même système a très-bien réussi. Les mêmes sangsues ont pu ainsi servir jusqu'à six et huit fois, sans que leur qualité ait notablement diminué après cette série d'applications.

Commerce des sangsues.

Voici encore quelques renseignements qu'il était utile de placer ici et qui sont relatifs au commerce des sangsues et aux falsifications que le marchand peut leur faire subir, pour augmenter ses profits d'une manière illégitime. Nous empruntons ce qui suit au précieux Dictionnaire de notre collègue M. Chevallier[1].

On admet, en général, dans le commerce de ces annélides, quatre choix spéciaux :

1° Le premier choix se composant des sangsues dites *grosses*, qui pèsent de 2 kil., 875 à 3 kil., 125 par mille;

2° Le deuxième choix ou les sangsues dites *grosses moyennes*, qui doivent peser de 1 kil., 725 à 2 kil., 125 le mille ;

1. *Dictionnaire des altérations et des falsifications*, etc., Paris, 1852, article *Sangsues*.

3° Le troisième choix, comprenant les sangsues dites *petites moyennes*, dont le mille pèse de 625 à 750 grammes;

4° Le quatrième choix, comprenant les petites sangsues, les sangsues dites *filets*. Elles pèsent de 380 gr. à 450 gr. le mille.

Il existe, outre ces quatre choix, une sorte de sangsue fort grosse connue sous le nom de *vache*, et pesant de 4 à 16 kilogr. le mille.

Il faut donc apprécier au mille le poids des sangsues qu'on achète.

M. A. Chevallier fait remarquer, avec le grand sens pratique qui le caractérise, que la sangsue de bonne qualité a le corps *allongé* et *déprimé*. La peau de l'extérieur présente un aspect velouté particulier. Elle se meut dans l'eau avec vivacité, en se présentant sous une forme allongée remarquable. Son élasticité est telle qu'on peut tripler sa longueur et s'en entourer le doigt comme on le ferait avec un ruban.

Une sangsue de bonne qualité est reconnaissable à l'activité et à la certitude de sa marche, et à la quantité de *recouvrements* qu'opèrent les anneaux les uns sur les autres. Plus elle se pelotonne sur elle-même, plus elle est vigoureuse : on dit qu'elle *fait bien l'olive*.

L'effilement de la partie antérieure du corps, relativement à la partie postérieure, est encore un signe de bonne qualité.

Il en est de même de la dépression ou de l'aplatissement du corps.

Tels sont les caractères et les signes auxquels on reconnaît une bonne sangsue. Faisons maintenant connaître en peu de mots les fraudes dont ces annélides peuvent être l'objet :

1° Les sangsues sont de bonne qualité, mais les choix sont *mêlés*.

2° Les sangsues sont *gorgées de sang* dans une proportion de 45 à 50 pour 100, afin de leur donner un volume et un poids plus considérables.

3° Les sangsues, après avoir servi, sont soumises à l'opération du *dégorgement*, pour être ensuite revendues.

4° Les sangsues sont mélangées à des hirudinées d'un autre genre, dites *sangsues bâtardes*.

5° Les sangsues sont *mélangées* à des *sangsues malades*.

L'inspection seule et la balance font reconnaître la première fraude.

La mauvaise qualité des sangsues peut dépendre, lorsque l'espèce est bonne, de leur état de plénitude qui tient à deux causes : à ce qu'elles ont été gorgées de sang depuis qu'elles sont sorties du marais, ou à ce qu'elles se sont nourries dans le marais.

Vauquelin est le premier qui ait signalé le gorgement des sangsues dans le but de les grossir. C'est ainsi qu'on arrive à convertir de petites sangsues, qui valent 75 francs, en moyennes sangsues de 130 fr., etc. Mais voici comment on peut reconnaître cette fraude :

La sangsue gorgée exprès a le corps moins allongé que la sangsue grosse naturellement et vide ; elle a de la *tendance* à se présenter sous la forme d'une *olive ;* placée dans l'eau, elle est souvent engourdie et comme somnolente ; l'aspect velouté de sa peau n'est pas le même que celui de la sangsue non gorgée ; quand on la presse entre les doigts, on aperçoit un reflet rougeâtre, dans la sangsue de Turquie exceptée. Cette annélide ne s'allonge pas entre les doigts, et, quand on la presse de la tête à la queue, on voit bientôt que le sang dont elle a été gorgée s'accumule vers l'extrémité ; alors, si on la presse plu fortement, le sang est expulsé, quelquefois sous forme jet. Ce sang est rouge et ne peut être confondu avec la liqueur noire verdâtre que laisse quelquefois exsuder la sangsue des marais.

Au reste, tous ces faits que nous ne faisons qu'indiquer s'apprendront rapidement dans la pratique.

CONCLUSION.

Ce que nous avons dit dans ces derniers chapitres permettra, nous l'espérons, à quiconque le voudra, d'élever des sangsues chez lui et de se mettre à l'abri des fraudes dont il pourrait être victime. On ne saurait trop multiplier les sangsues par tous les moyens possibles : c'est là un fait que tout le monde reconnaît aujourd'hui. La France pour cette industrie, comme pour beaucoup d'autres, est tributaire de l'étranger[1]. Nous faisons venir à grands frais nos sangsues de l'Orient et de la Hongrie, quand, dans presque toutes

1. D'après la statistique officielle, nous avons importé en moyenne, de 1827 à 1836, *trente-quatre millions* deux cent mille sangsues évaluées 1 023 000 francs et payant 37 510 francs de droits de douane, à raison de 11 centimes, décime compris, pour 100 bêtes estimées à 3 francs par la douane.

Nos principaux fournisseurs étaient en 1836 :

L'Autriche......	8 484 950
La Sardaigne....	5 038 000
La Suisse.......	2 418 350
La Grèce........	2 132 100
Alger...........	418 900

Nos exportations ne s'élèvent en moyenne qu'à 26 592 francs, soit 886 403 sangsues à 3 centimes l'une; c'est à peu près ce que l'Autriche nous envoie. Elles sont principalement expédiées par nous en Angleterre, en Espagne, aux États-Unis, au Brésil, à la Martinique, à la Guadeloupe, au Chili, au Pérou, etc.

Le dernier tarif des douanes imprimé par l'administration, en 1853, porte le droit d'entrée à 1 franc le mille en nombre et le droit de sortie à 50 centimes pour la même quantité.

Depuis 1836 jusqu'en 1844, nos importations ont toujours été en diminuant. De 1847 à 1853 nous avons reçu de 7 à 12 millions de

nos provinces, il serait facile de les élever et de les multiplier. L'intérêt public demande des établissements nouveaux et en plus grand nombre; l'intérêt bien entendu des industriels, dont quelques-uns perdent leur argent en de folles spéculations, serait de s'emparer de cette branche encore peu exploitée. Ils rendraient ainsi service à la santé publique et à leur fortune particulière.

Nous appuierons cette dernière opinion par un renseignement qui nous est connu particulièrement, et que nous avons recueilli sur place.

Un propriétaire de Bordeaux, qu'il est inutile de nommer, désirait vendre un des marais que nous avons visités avec M. Franceschi dans la région dite de Bacalan · il nous remit une note pour un capitaliste de Paris qui a traité avec lui depuis. Il y établissait d'une manière assez détaillée : qu'un marais de la Gironde produit en moyenne au propriétaire un revenu de quinze pour un; c'est-à-dire, par exemple, qu'une sangsue, qui coûtait alors (avril 1855) 20 centimes, produisait en moyenne par an quinze sangsues qui pouvaient être revendues au même prix, soit ensemble 3 francs. Défalquant les frais de toute nature qui étaient estimés au plus haut chiffre possible à 5 centimes, restait 2 francs 25 centimes, ce qui est énorme quand on opère sur des quantités considérables, comme dans les grands établissements de la Gironde. Aussi n'avons-nous plus été étonné d'entendre demander 250 000 francs d'un marais qui n'avait que 48 hectares, et dont moitié seulement était en plein rapport. Tout le monde sait aujourd'hui qu'aux environs

sangsues par an et au total, dans cette période, 75 824 338, représentant une valeur de 10 615 722 francs. Comme nous n'en avons exporté que pour 1 881 075 francs, c'est donc 9 734 647 francs que nous avons envoyés au dehors. A l'exception de la Turquie et de la Hongrie, les pays producteurs étrangers sont depuis longtemps presque épuisés.

de Bordeaux des fortunes colossales[1] ont été faites dans ce genre d'industrie, qui est encore bien certainement une de celles qui offrent, avec le plus de chances de durée, la double possibilité de faire de bonnes spéculations et de rendre service au pays. Nous serions bien heureux si cette partie de notre petit volume pouvait provoquer des tentatives qui, bien dirigées, ont toutes les chances de succès possible, nous en avons tout au moins la profonde conviction.

1. Nous avons déjà cité l'exemple de MM. Bechade; nous pourrions y ajouter, comme ayant contribué aux progrès de l'hirudiculture, ceux de M. Rollet, médecin en chef de l'hôpital militaire de Bordeaux, et de M. Wilman, de Bedford. Tous les trois ont eu récemment les honneurs de l'approbation de la Société d'encouragement, à la suite d'un remarquable rapport de M. Chevallier. Voy. le *Bulletin* de la Société, juillet 1855, pages 390 et suivantes.

FIN.

TABLE ANALYTIQUE

DES MATIÈRES.

A

Ablette. Époque du frai, 103; produit tiré de ses écailles, 104.

Abris pour les jeunes poissons. Description, 65.

Acclimatation du poisson, 99; résultats obtenus, 100; acclimatation des silures, 125.

Agriculture (l') et l'industrie hirudicole, 139; M. Béchade, 141; progrès à Bordeaux, 141.

Aisguillon (Baie de l'). Appareils pour la pêche des moules; sacs, 97; bouchots, système Walton, 98, 99.

Alevin (transport de l'), 79. Alevin de brochet, son emploi comme nourriture des poissons adultes, 108.

Aliments (choix des). Proies vivantes, vers, etc., 56.

Ânes. Pour gorger les sangsues, 174.

Anguilles. Migration périodique ou *montée*, 4; mœurs; leur revenu annuel, 105.

Animaux vivants (gorgement des sangsues par les), 172: chevaux, 173; ânes, 174; animaux nuisibles aux sangsues, 176; leur destruction, 177, 178.

Appareils de pisciculture et d'hirudiculture placés à l'exposition de 1855, préface, I; appareil à éclosion établi au Collége de France, 37; description, 38; 39, 40: son volume, 41; — de Comacchio : description, par M. Coste, 82, 83; sa perfection, 86, 87: aperçu descriptif, 88: — de la baie de l'Aisguillon pour l'élève des moules, 99.

Asphyxie des jeunes poissons, remèdes, 47, 50.

Augettes à nourriture. Description, 59.

B

Bancs d'huîtres artificiels du lac Fusaro, 93; leur construction, 94; leur utilité, 95, 96.

Barbeau. Époque du frai, durée de l'incubation, frayères artificielles, 106.

Baromètre à sangsues de Merryweather, ou pronostiqueur des tempêtes, 139.

Barrails ou parcs à sangsues, 147.

Bassins en pierre, pour les sangsues, du docteur Sauvé, 148; description, 148, 149, 150, 151; leur avantage, 152.

Boîtes à éclosion de dom Pinchon (moyen âge), 13; leur construction, 13. — de M. Coste. Description et utilité, 49, 50. — de M. Borne pour le transport des sangsues, 184.

Borne (établissement d'hirudiculture de M.), 141, 142; marais de Saint-Arnoult, 154; marais de Claire-Fontaine, 156; étendue, 156; marais d'étude, 157; dispositions de ces marais, 157, 158; galeries à cocons, 164; caisses à incubation, 165, 166; alimentation des sangsues, 170, 171; boîte à transport, 184.

Bouchots ou parcs à moules, 99.

Brême. Lieux qu'elle habite, époque du frai, nourriture à lui donner, 107.

Brochet. Nourriture, 107; époque du frai, les alevins employés comme aliments des adultes, 108.

C

Caisses à incubation de M. Borne, 165, 166. — du docteur Sauvé, 166; dispositions, 167; avantages résultant de leur emploi, 168.

Carpe. Époque du frai, frayères mobiles; produit du frai comme exploitation, fécondité des poissons, 108, 109.

Caveau d'éclosion de M. de Tocqueville, 67.

Chabot ou *têtard*-bavard. Époque du frai, son emploi comme aliment des espèces carnivores, 109, 110.

Chevaux pour le gorgement des sangsues, 172, 173.

Chinois (de la pisciculture chez les), 9.

Cocons des sangsues, 160; leur formation, 162; jeunes sangsues qu'ils contiennent, 163; galeries de M. Borne, 164.

Collége de France. Appareils de pisciculture exposés en 1855, préface, I; — à éclosion, 37; piscine, description, 60, 61, etc.

Comacchio (colonie de), 5; ses appareils, 82, 83; lavoriéro ou *valle*, 88; panier à anguilles, 90.

Commerce des sangsues, 188.

Conclusion de la pisciculture, 123 à 127; — de l'hirudiculture, 192.

Conservation des sangsues, 185; marais de Meeus, 185; leur conservation à Paris d'après Ch. Permoud, 186.

Coquillages aquatiques. Leur usage comme aliment des poissons, 58.

Cours d'eau (dépeuplement des), conséquences, 3; leur étendue, 4; leur produit actuel, 4.

Croisement des races (du), 37.

D

Dégorgement des sangsues. Méthodes diverses, 187 et 188.

Dépeuplement des cours d'eau, conséquences, 3; remèdes, 5.

E

Eaux. Température pour la fécondation, 35; température pour l'incubation des œufs de perche, 113; du choix des eaux pour l'élève des sangsues, 144, 145; du niveau fixe dans les marais à sangsues, son utilité, 146.

Éclosion. Boîtes de dom Pinchon, 13; — de M. Coste, 49, 50; caveau de M. de Tocqueville, 67; éclosion des sangsues, 161, 162.

Espèces communes (poissons), particularités, 103.
Exploitation de la carpe, 108, 109; — de la truite, 116; — du poisson au point de vue commercial, 118; — des sangsues, 188.

F

Faits relatifs à la pisciculture et démontrés par l'expérience, 123.
Fécondation artificielle (de la), 7; procédés et ustensiles, 32; manipulation, 32; précautions à prendre, 34; température de l'eau, 35; méthode de fécondation de Glaser, 36: total des œufs fécondés à Huningue en 1853, 77.
Fécondité des poissons, 26: — des huîtres, 93: — de la carpe, 109.
Fraie et *frai*, définitions et divisions, 27, 28; frai de grenouilles, 58; — d'huîtres, 92; — de moules, 97; — de l'ablette, 103; — du barbeau, 106: — de la brême, 107; — du brochet, 108; — de la carpe, 108: — du chabot, 109; — du gardon, 110; — de la lamproie, 110: — de la perche, 112: — de la tanche, 113; — de la truite, 114.
Frayères artificielles. Leur emploi, leur construction, leur utilité, 80, 81; — à huîtres, 95; — à moules, 97: — mobiles pour les carpes, 109; — flottantes pour les gardons, 110.

G

Galeries à cocons pour les sangsues. Méthode de M. Borne, 164.
Gardon. Époque du frai, frayères flottantes, 110.
Géhin et *Remy*. Leurs découvertes, 16; opinion de MM. Detzem et Berthot à ce sujet, 16, 17.
Glaser. Procédé de fécondation des œufs, 36.
Grenouilles (frai de), son emploi comme aliment des jeunes poissons, 58.

H

Hirudiculture. Appareils placés à l'Exposition, préface, I; importance de cette industrie, 135: profits qu'on en peut tirer, 140: établissement de M. Borne à Saint-Arnoult et à Claire-Fontaine (Seine-et-Oise), 141, 142: progrès dans la Gironde, 193.
Hirudiculteurs (conseils aux), 181, 182.
Huîtres (parcs à), du lac Lucrin, 12; Sergius Orata, 12: frai, 92; mode de reproduction, 93; bancs artificiels du lac Fusaro, 93: frayères artificielles, 95.
Huningue (établissement d'), sa création, 18, 19; ses produits, 20; mouvement piscicole déterminé en Europe par la création de cet établissement, 20; à Wurtzbourg, 21; en Wurtemberg, 21; en France, 22: — transport d'œufs et résultats en 1853, 75, 76; total des œufs fécondés dans cette même année, 77.
Hygiène (multiplication des poissons au point de vue de l'), 6; hygiène des sangsues, 182.

I

Importation des sangsues, 192.

Incubation (soins à donner aux œufs pendant l'), 42; surveillance nécessaire, 42, 43: incubation des œufs de barbeau, 106; — des œufs de perche, 112: vase d'incubation pour les tanches, 113; caisses d'incubation de M. Borne (sangsues), 165, 166; caisses du docteur Sauvé, 166.

Instruments nécessaires aux pisciculteurs, 43.

L

Lamproie. Sa voracité, observations de M. de Vibraye sur sa reproduction, 111, 112.

Lavoriéro ou *Valle* de Comacchio, 88.

Liste alphabétique des personnes qui ont reçu des œufs, soit du Collége de France, soit d'Huningue, 128.

Loi sur la pêche, considérations, 101.

Lucrin (parcs à huîtres du lac) 12.

Lucullus (viviers de), 11.

M

Machines à épuisement. Leur utilité dans les marais à sangsues, 153.

Maladies des sangsues. Affection putride, 179; affection muqueuse, 180; ce qui la détermine, 180; sangsues noueuses, 180; sangsues boutonneuses, 181; sangsues piquées, 181; exténuation des sangsues, 181.

Manipulation dans la fécondation artificielle des œufs de poisson, 33.

Marais à sangsues, 143; choix du terrain, 143; marais naturels, 143; organisation et étendue, 146; marais du docteur Sauvé, 152; leur disposition, 153; marais de M. Borne à Saint-Arnoult, 154: à Claire-Fontaine, 156; leur étendue, 156; petits marais d'étude du même, 157; leur disposition, 157, 158; marais de Meeus, description, 185; précautions à prendre suivant les saisons, 185, 186: prix des marais dans la Gironde, 193.

Mer (repeuplement des rivages de la) par la pisciculture, 82.

Milieux. Ce qu'on appelle ainsi en pisciculture, 66.

Montée. Définition, 84.

Mortalité de l'alevin, causes, 47.

Moules (frai des), 97; frayères artificielles, 97; récolte, 98.

Moyen âge (Pisciculture au), 13

Multiplication du poisson au point de vue du produit, 119, 120, etc.

N

Nourriture des poissons, 51: à quelle époque il faut commencer à les nourrir, 53; régime artificiel, 55; proies vivantes, 56: méthode de M. Ponchet, 57; frai de grenouilles, 58; coquillages aquatiques, 58; augettes à aliments, 59; ablette, 104; nourriture des brêmes, 107; des brochets, 107; brochets nourris avec leur alevin, 108; chabot donné comme aliment aux espèces carnivores, 109, 110.

Nourriture des sangsues, 169; nécessité de les nourrir, 169; méthode de M. Borne, 170, 171; méthode de M. Sauvé, 171, 172;

méthode des éleveurs de la Gironde, 173, 174, 175.

O

OEufs (récolte, fécondation, incubation des), 26; fécondité des poissons, 26; conditions d'une bonne récolte, 28; moyens de l'opérer, 31; fécondation, 32, 33, 34; incubation, 42; pince à œufs, 43; pelle grillée, 44; pipettes, 44, 45; éclosion, 49, 50; transport, 70; procédé de M. Coste, 71, 72; autre procédé, 73.

Ouvrages de pisciculture à consulter, préface, III, IV, V.

P

Paniers à anguilles de la baie de Comacchio, 90.

Parcs à huîtres du lac Lucrin, 12; leur créateur, 12.

Pêche (considérations sur la loi de la), 101, 102; pêche des sangsues, 166; méthode de la Gironde, 183.

Pêchette à sangsues, 166.

Pelle criblée pour œufs de poissons, 44.

Perche. Epoque du frai, température necessaire à l'incubation de ses œufs, sa fécondité et sa voracité, 112, 113.

Pince à œufs, 43.

Pinceau à nettoyer les œufs, 42.

Pipette courbe, pipette droite, leur utilité, moyen de les employer, 44, 45.

Pisciculture (importance de la), 3; pisciculture proprement dite, 7; son antiquité, 9; pisciculture chez les Chinois, 9; chez les Romains, 10; au moyen âge, 13; pisciculture maritime, 24; instruments propres à la pisciculture, 43; pisciculture pratique de M. de Tocqueville, description, 66; milieux dont il dispose, 67; pisciculture au point de vue du commerce, 117.

Piscine du Collége de France, son utilité; description, 60, 61, etc.

Plantes aquatiques, leur utilité dans les piscines, 63; — dans les bassins à sangsues, 151.

Poissons d'eau douce, leur prix élevé, 4; disparition du poisson de mer, 4; qualités nutritives de la chair des poissons, 5; leur multiplication au point de vue de l'hygiène publique, 6; fécondité des poissons, 26; fraie et frai, 27; asphyxie des jeunes poissons, 47, 50; vésicule ombilicale du poisson nouvellement éclos, son usage, 51; époque de la mise en liberté, 51; stabulation, son utilité, 55; aliments, 56; abris dans les bassins, 65; transport, 77, 78; acclimatation, 99, 100; espèces communes, 103; multiplication et exploitation au point de vue commercial, 118, 119.

Ponte des poissons, conditions nécessaires, 29, 30; époque de la ponte des sangsues, 161.

Précautions à prendre dans la fécondation artificielle, 34.

Prix des marais à sangsues dans la Gironde, 193.

Proies vivantes, aliments des poissons, 56.

R

Races (du croisement des) dans les poissons, 37.

Radeau à pièces mobiles pour l'élève des moules, son utilité, 97.

Repeuplement par frayères artificielles, 80.

Reproduction des sangsues, 161.

Résumé (hygiène des sangsues), 181, 182.

Romains (de la pisciculture chez les), 10.

S

Sacs à moules de la baie de l'Aiguillon, 97.

Sangsues (des). Leur nature, leur conformation, 135, 136; leur usage en médecine, 137; sangsues de commerce, classifications, 138; lieux d'importation, 138; sangsues barométriques, 139; système de M. Borne pour les préserver de la gelée, 144; marais, 144, 146; barrails ou parcs, 147; bassin du docteur Sauvé, 148; marais du même, 152; marais de M. Borne, 154, 156; petits marais d'étude du même, 157, 158; choix à faire pour la reproduction, 159; sangsues mères ou vaches, 160; reproduction des sangsues, 161; ponte, 161; caisses d'incubation de M. Borne, 165, 166; — du docteur Sauvé, 166; pêche, méthode ordinaire, 166; nourriture, méthode Borne, 170; méthode Sauvé, 171; méthode de la Gironde, 173, 174; ennemis des sangsues, 176; maladies des sangsues, 179; hygiène des sangsues, 181, 182; pêche dans la Gironde, 183; boîte de M. Borne pour le transport des sangsues, 184; marais de Meeus, 185; commerce des sangsues, 189; caractères qui distinguent les bonnes sangsues, 189; fraudes des vendeurs, 189; méthode pour les reconnaître, 190, 191; chiffre de l'importation en France, 192.

Saumons venant de naître, 51.

Sauvé (le docteur). Bassin en pierre pour l'élève des sangsues, 148; marais à sangsues, 152; caisses d'incubation, 166; méthode de nourriture, 171, 172.

Sergius Orata, fondateur des parcs à huîtres du lac Lucrin, 12.

Stabulation des jeunes poissons, utilité de cette méthode, 55.

T

Tamis doublés d'Huningue, 48; — flottants de M. de Tocqueville, construction et utilité, 68, 69.

Tanche. Époque du frai; vase à incubation, disposition, durée de celle-ci, 113, 114.

Température de l'eau pour la fécondation, 35.

Têtard-bavard (voy. *Chabot*), 109, 110.

Transport des œufs, 70, 71; — des jeunes poissons, 77, 78; — de l'alevin, 79; — des silures, moyens employés, 125; — des sangues, 184.

Truites de différents âges, 52; époque du frai, procédé pour recueillir des œufs en état de maturité, 114; viviers pour la multiplication, 115; âge de la reproduction et rapidité de croissance, 116; méthode d'exploitation, 116.

V

Vaches ou sangsues mères, 160.

Valle ou lavoriéro à Comacchio. 88.

Vase à incubation pour les tanches, 113. 114.

Vésicule ombilicale des jeunes poissons, son usage, 51.

FIN DE LA TABLE ANALYTIQUE DES MATIÈRES.

TABLE ALPHABÉTIQUE

DES NOMS D'AUTEURS, D'AMATEURS OU D'INDUSTRIELS CITÉS DANS CE VOLUME.

Achard, 163.
Agassiz, 127.
Aymard-Bression, V.
Bacciocchi (la princesse), 128.
Baillière, 127.
Béchade, 141, 193.
Berthot, IV, 5, 16, 56, 79, 123.
Biesler, 76, 130.
Blainville, 135.
Blanchard, 122.
Blanchet, 23, 75, 128.
Boccius, 15.
Boissière, 11.
Bordeu, 171.
Boinvilliers, 76.
Bonnier, 35.
Borel de Bretizel, 76, 128.
Borne, I, 137, 141, 142, 144, 146, 154 à 157, 160 à 167, 169 à 172, 176, 183, 184.
Boucher de la Rupelle, 77, 128.
Boudard, 141.
Briant, 128.
Cagniart, 128.
Caron, III, 23, 36, 38, 66, 75, 76, 128.
Carrière (colonel), 128.
Caumont (comte de), 76, 128.
Cerfbeer, 76.
Chabot, II, III, IV, 22, 32, 59, 126.
Charamaule, 128.
Chastel, 128.
Chevallier, 138, 147, 179, 188, 189, 194.
Cheverny, 23.
Chomel (le d^r), 128.
Cicéron, 13.
Columelle, 10.
Corbière (de), 128.
Coste, II, III, 5, 12, 13, 15, 17 à 20, 22, 24, 25, 28, 32, 37, 38 à 40, 46, 48, 49, 52 à 57, 57, 59, 68, 70 à 74, 78, 80, etc.
Curzay (vicomte de), III.
Davilliers, 128.
Deblaye, 128.
Deferrari, 130.
Dehaussy, 128.
Denoc, 139, 140.
Desmé, 22, 76, 129.
Desor, 127.
Desvallières, 129.
Detzem, II, IV, 5, 16, 32, 56, 79, 123, 126.
Devès, 141.
Dubois, 126.
Duchesme, 77, 129.
Duhamel, V.
Durand (baron), 129.
Fabre, 177.
Fallois (de), 129.
Fischery, 131.
Filippi (du), 136.

Fournet, V.
Franceschi, 153, 169, 174, 193.
Francqueville (de), 126.
Frogers-Dechesnes, 129.
Furstemberg (le prince de), 76, 131.
Galbert (comte de), 129.
Gardel, 129.
Gehin, 16, 17.
Gerbe, II, 19, 39, 96.
Gillot, 129.
Glaser, II, 32, 36, 70.
Gobal (Mme), 129.
Gray (lord), 54.
Grandin, 129.
Grignon (école impériale de), 76, 129.
Guezou-Duval, 11.
Guignet, II.
Guillou, 9, 140.
Gunderlich, V.
Haxo, IV.
Herlincourt (d'), 75, 129.
Heurtier, 19, 24.
Hiffelsheim (le d[r]), 126.
Hippocrate, 6.
Hivert, 15.
Huot, 136.
Huvey, 75, 129.
Jacobi, V, 14, 15, 49, 53.
Jannin, 104.
Javal (Léopold), 11.
Johan, 129.
Joly, 75, 129.
Jongh, 125.
Jourdier, IV, 129.
Julien, 129.
Julier-Roger, 129.
Kaupp, 76.
Kœffer, 125.
Kresz, 122.
Labbé, 17.
Laigniez, 141.
Lamarck, 135.
Lamy, IV, 23, 50, 106, 117, 129.
Landet, 105.
Le Clerq, V.
Le Michel, 179.
Lepelletier de Glatigny, 78, 129.
Lespare (duc de), 129.
Lesson, 188.
List (le colonel), 76, 131.
Leuve, 122.
Levieux, 141.
Lhéritier, 175.
Loriol, 76, 129.
Lucullus, 11.
Lumineau, 129.
Magne, 126.
Malessy (de), 129.
Marshall, 109.
Major, 76, 131.
Meeus, 185.
Merryweather, 139.
Millet, III, IV, 28, 48, 58, 107, 108, 113.
Milne-Edwards, II, 17.
Montagu, 129.
Montesquieu, 6.
Montgaudry (baron), 14, 15.
Moquin-Tandon, 141, 144, 162, 163, 177.
Mortemart (de), 76, 129.
Nicole (Paul), I, II.
Nicolet, 127.
Noailles (le duc de), 76, 129.
Noël, 130.
Numa, 10.
Ollindon (lord), 131.
Orata (Sergius), 12, 13.
Oxe (Pierre), 109.
Palotta (le cardinal), 85, 87.
Permond, 141, 186.
Peron, V.
Perrier (Casimir), 130.
Petipas, 130.
Petit-Huguenin, 23, 76, 130.
Pichon, 141.
Pilachon, 15.
Pinchon, 13, 15, 49.
Pline, 13.
Point, 130.
Poléon (vicomte de), 130.

Polignac (comte de), 22, 130.
Poriquet, 130.
Porlier, 130.
Pouchet, 23, 38, 47, 48, 57, 58, 76, 130.
Quatrefages, 17, 19, 36.
Quenard, IV.
Ranelay (lord), 131.
Raupp, 130.
Ravaud, 105.
Regnault, 22, 130.
Remy (M. le curé), 130.
Remy (le pêcheur), 16, 17.
Rollet, 141, 193.
Rueft, 21.
Samuel, II, 70
Sauvé (le d^r), 137, 143 à 145, 148 à 153, 165, 166, 168, 170 à 172, 177, 178.
Schaffauser, 125.
Scheisselhal, 131.
Sehissel, 76, 131.
Sère, 130.
Sergius Orata, 12, 13.
Shaw, 15.
Sivard de Beaulieu, IV, 115, 116.
Soubeiran, 141, 154, 155, 164, 165, 178.
Spallanzani, 127.
Tocqueville (baron de), 66 à 69, 76, 130.
Valantin, IV.
Valenciennes, 17.
Valrof-Bally, 17.
Vauquelin, 190.
Vayson, 140, 141, 144 à 146, 156, 159, 162, 163, 172, 186.
Vergerin, 130
Viart (vicomte de), 130.
Vibraye (marquis de), 23, 77, 111, 130.
Vilars (de), 130.
Vincent, 130.
Virgile, 93.
Vogt, 127.
Wagner, 125.
Walton, 98, 99.
Walut, 130.
Wellindon (lord), 77.
Wilman, 141, 193.

FIN DE LA TABLE ALPHABÉTIQUE DES NOMS D'AUTEURS, ETC.

TABLE DES MATIÈRES.

PISCICULTURE.

Pages.

LETTRE A L'AUTEUR PAR M. COSTE, DE L'INSTITUT........... I

PRÉFACE DE L'AUTEUR.................................... III

CHAPITRE PREMIER.

OBJET ET IMPORTANCE DE LA PISCICULTURE.

Dépeuplement de nos cours d'eau.......................... 3
Qualités nutritives du poisson. — La colonie de Comacchio.... 5
La fécondation artificielle et la pisciculture proprement dite... 7

CHAPITRE II.

LA PISCICULTURE DANS L'ANTIQUITÉ ET DANS LES TEMPS MODERNES.

Procédés de pisciculture des Chinois........................ 9
La pisciculture chez les Romains. — Les viviers de Lucullus... 10
Les huîtres du lac Lucrin. — Sergius Orata.................. 12
Le moyen âge. — Les boîtes de dom Pinchon.................. 13
Découverte de Jacobi; ses applications...................... 14
Remy et Gehin.. 16
Création de l'établissement d'Huningue...................... 18
Mouvement piscicole déterminé en Europe par la fondation de l'établissement d'Huningue......................... 20
La pisciculture maritime................................... 24

CHAPITRE III.

RÉCOLTE, FÉCONDATION ET INCUBATION DES ŒUFS.

Fécondité des poissons..................................... 26
Fraie. — Frayères. — Frai................................. 27
Conditions dans lesquelles doivent se trouver les œufs qu'on veut recueillir... 28
Récolte des œufs.. 31

Fécondation artificielle.......... 31
Appareil à éclosion.......... 37
Soins qu'exigent les œufs pendant l'incubation.......... 42
Instruments nécessaires au pisciculteur.......... 43

CHAPITRE IV.

ÉLEVAGE DES JEUNES POISSONS.

Cause de mortalité pour les jeunes poissons; moyens d'y remédier.......... 47
Nourriture des jeunes poissons.......... 51
Choix des aliments.......... 56

CHAPITRE V.

LA PISCINE DU COLLÉGE DE FRANCE ET L'ÉTABLISSEMENT DE M. DE TOCQUEVILLE.

Piscine du Collége de France.......... 60
Pisciculture pratique de M. le baron de Tocqueville.......... 66

CHAPITRE VI.

TRANSPORT DES ŒUFS, DES POISSONS NOUVELLEMENT ÉCLOS ET DE L'ALEVIN.

Moment que l'on doit choisir pour le transport des œufs.......... 70
Premier moyen de transport.......... 71
Second moyen de transport.......... 73
Résultats obtenus par l'établissement d'Huningue.......... 73
Transport des poissons nouvellement éclos.......... 77
Transport de l'alevin.......... 79

CHAPITRE VII.

DISSÉMINATION DES JEUNES POISSONS ET REPEUPLEMENT DES EAUX.

Frayères artificielles.......... 80
Repeuplement des rivages de la mer.......... 82
Les appareils de Comacchio.......... 82
Perfection de l'appareil de Comacchio.......... 86
Description de l'appareil de Comacchio.......... 88
Frai des huîtres.......... 92
Bancs artificiels du lac Fusaro.......... 93
Multiplication des homards et des langoustes.......... 96
Frai des moules.......... 97
Récolte des moules.......... 98
Acclimatation des poissons et considérations sur la loi concernant la pêche.......... 99

CHAPITRE VIII.

PARTICULARITÉS DES ESPÈCES COMMUNES.

Ablette.......... 103
Anguille.......... 104
Barbeau.......... 106
Brême.......... 107
Brochet.......... 107
Carpe.......... 108
Chabot (têtard bavard).......... 109
Gardon.......... 110
Lamproie.......... 110
Perche.......... 112
Tanche.......... 113
Truite.......... 114

CHAPITRE IX.

La pisciculture au point de vue commercial.......... 117

CONCLUSION.......... 123

APPENDICE. — Liste des personnes qui ont reçu des œufs, soit d'Huningue, soit du Collége de France.......... 129

HIRUDICULTURE.

CHAPITRE PREMIER.

IMPORTANCE DE L'HIRUDICULTURE.

Nature de la sangsue.......... 135
De la sangsue du commerce.......... 138
L'industrie hirudicole et l'agriculture.......... 139
Progrès de l'hirudiculture.......... 141

CHAPITRE II.

LES MARAIS A SANGSUES.

Choix du terrain.......... 143
Nature des eaux.......... 144
Organisation des marais.......... 146
Bassin en pierre du docteur Sauvé.......... 148
Marais naturels et artificiels du docteur Sauvé.......... 152
Marais de M. Borne à Saint-Arnoult et à Claire-Fontaine.......... 154
Petits marais d'étude de M. Borne.......... 157

CHAPITRE III.

ÉLÈVE ET HYGIÈNE DES SANGSUES.

Choix des sangsues 159
Mode et époque de la reproduction 160
Formation des cocons. — Précautions à prendre 162
Caisses de M. Borne et du docteur Sauvé 165
Nourriture des sangsues 169
Les ennemis des sangsues. — Moyens de les combattre et de les détruire 176
Maladies des sangsues 179
Résumé 181

CHAPITRE IV.

PÊCHE ET TRANSPORT DES SANGSUES.

Pêche des sangsues 183
Transport et conservation des sangsues 184
Commerce des sangsues 188

Conclusion 192

FIN DE LA TABLE DES MATIÈRES.

TABLE ALPHABÉTIQUE

DES FIGURES.

	Fig.	Pages.
Abris en terre cuite pour les jeunes	17	65
Appareil à éclosion du Collége de France	4	40
Banc artificiel du lac Fusaro pour l'élève des huîtres	21	94
— — — pour l'élève des huîtres, coupe	22	94
Bassin circulaire du Collége de France, coupe	18	65
— latéral du Collége de France, coupe	16	64
— à sangsues de M. Sauvé, coupe et plan	25	149
Boîte à éclosion de Jacobi, perfectionnée par M. Coste	10	49
Borgazzo ou panier en osier pour conserver les anguilles	20	90
Cocon de sangsue, grosseur moyenne	28	163
Comacchio, vue d'une *valle* et de son labyrinthe	19	88
— vue d'un panier à anguilles, ou borgazzo	20	90
Éclosion (appareil à), du Collége de France	4	40
— (boîte à) de Jacobi	10	49
Entonnoir de décharge du bassin du Collége de France	14	61
Fagots pour fixer les huîtres dans le lac Fusaro	23	95
Fécondation artificielle, dernier temps d'une manipulation ayant pour but de faire pondre une femelle	1	33
File de pieux et de fagots pour fixer les huîtres dans le lac Fusaro	23	95
Fusaro (lac), bancs artificiels pour les huîtres, coupe et perspective	21 et 22	94
— file de pieux et de fagots pour fixer les huîtres	23	95
Labyrinthe de Comacchio	19	88
Lavoriero	19	88
Marais d'étude de M. Borne pour l'élève des sangsues, coupe	26	157
— — pour l'élève des sangsues, perspective	27	158
Marais à sangsues de M. Sauvé, coupe et plan	25	149

n

	Fig.	Pages.
Marais domestique de M. Meeus, coupe	30	185
Œufs de truite, grosseur naturelle	11	51
— de saumon, grosseur naturelle	11	51
Panier à anguilles, ou borgazzo	20	90
Pêchette pour sangsues ou poissons	29	166
Pelle criblée pour retirer les œufs des rigoles	7	44
Pieux servant à supporter les fagots à huîtres du lac Fusaro	23	95
Pince pour prendre les œufs un à un	6	43
Pinceau ou blaireau pour nettoyages divers	5	42
Pipette courbe hors de l'eau	7	44
— — plongée dans l'eau	9	45
— droite	8	44
Piscine du Collége de France, perspective	13	60
— — — vue à vol d'oiseau	15	62
— — — coupe d'un côté	16	64
— — — coupe du bassin médian	18	65
Radeau à pièces mobiles pour l'élève des moules	24	97
Rigole en terre cuite du Collége de France	2	37
— en fonte émaillée	3	39
Saumons, trois vues diverses	11	51
Truites grossies deux fois avec et sans vésicule ombilicale	12	52
Valle de Comacchio, appareil de pêche	19	88

FIN DE LA TABLE DES FIGURES.

Ch. Lahure, imprimeur du Sénat et de la Cour de Cassation
(ancienne maison Crapelet), rue de Vaugirard, 9.

www.ingramcontent.com/pod-product-compliance
Ingram Content Group UK Ltd.
Pitfield, Milton Keynes, MK11 3LW, UK
UKHW020212250726
13967UKWH00003B/1430

9 782012 891920